百年巨匠

峰回路转现孟海

大师 沙孟海

Century MasterS
Sha Menghai

王卫华 ◎ 著

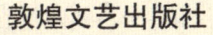

敦煌文艺出版社

图书在版编目（CIP）数据

峰回路转现孟海：大师沙孟海 / 王卫华著 . —— 兰州：敦煌文艺出版社，2019.11
ISBN 978-7-5468-1837-5

Ⅰ. ①峰… Ⅱ. ①王… Ⅲ. ①沙孟海（1900-1992）—传记 Ⅳ. ①K825.72

中国版本图书馆 CIP 数据核字（2019）第 248620 号

百年巨匠 国际版系列丛书

峰回路转现孟海
大师沙孟海
王卫华 著

总 策 划：杨继军　徐　淳　余　岚
责任编辑：杨继军
艺术监制：马吉庆
装帧设计：李晓玲　禾泽木

敦煌文艺出版社出版、发行
地址：（730030）兰州市城关区读者大道 568 号
邮箱：dunhuangwenyi1958@163.com
博客（新浪）：http://blog.sina.com.cn/lujiangsenlin
微博（新浪）：http://weibo.com/1614982974
0931-8773148（编辑部）　　0931-8773112（发行部）

成都市金雅迪彩色印刷有限公司印刷
开本 710 毫米 ×1000 毫米　1/16　印张 11.25　插页 1　字数 120 千
2020 年 1 月第 1 版　2020 年 1 月第 1 次印刷
印数：1 ~ 3 000

ISBN 978-7-5468-1837-5
定价：48.00 元

如发现印装质量问题，影响阅读，请与出版社联系调换。
本书所有内容经作者同意授权，并许可使用。
未经同意，不得以任何形式复制转载。

引言

　　书法,是中国国粹中的国粹。中国的十大国粹是:书法和国画,中国武术,中医,京剧,汉服与丝绸,中国茶,中国瓷器,中国围棋,剪纸和刺绣。书法和国画排位第一。

　　世界史学界公认,文字的诞生,是人类进入文明社会的重要标志。由此可以说,中国书法,则是中华文明最经典的民族符号。

　　如果说,1921年在河南渑池县仰韶村发现的距今约5000~6000年左右的"仰韶文化"标志着中国文字的起源;如果说,1889年在河南省安阳小屯村一带发现的距今已3000多年的殷商晚期王室占卜记录——甲骨文是中国书法史上的第一块瑰宝,那么随着中华文明的发展,在中国哲学、文化和各项发明的推动下,中国书法创新出各种书体,在各历史阶段高峰迭出,书法大家在几千年中华文明史中"江山代有才人出,各领风骚数百年"便是不值得惊讶的现象。

　　中国书法发展到了近现代,有了"南沙北启"一说。"南沙"指的是浙江的沙孟海先生,"北启"是北京的启功先生。

日本书法协会创始主席，日本最高荣誉——文化勋章的获得者青山杉雨先生曾经说过："沙孟海先生是20世纪中国最伟大的书法家，是我们书法界的泰山北斗。"对这句话，沙孟海先生是当之无愧的，虽然如果他还健在，一定不会同意别人这样称赞他。他在20世纪众多的老一辈书家中脱颖而出，成为宗师，这缘于他学养深厚——他涉及的学科领域有书法史学、篆刻史学、语言学、文字学、训诂学、考古学、金石学等，且研究得很有深度，在碑与帖上的新观点，对执笔的新发现，对印玺上的新考证，对书法教学上的新思考，无不开辟着新的研究路径；还缘于他书法技艺上的创新——研究出临摹的正确方法；在各类书体上创新突破而形成沙氏书体……

上述足以证明——也仅仅是证明孟沙海是中国书法的一代宗师，"南沙北启"并非过誉。

然而深问一句，大师（包括宗师）就是有高度的人么？大师就是有代表作的人么？大师就是创出历史性特色的人么？大师就意味着辉煌的业绩与引领么？上述沙孟海先生的学术成就足够阐释他为什么会成为一代宗师么？或者换个角度这样问，沙孟海先生的这些成就又是如何取得的呢？是一种因素在起作用还是多种因素在起作用呢？再哲理一点地问，宗师的本质是什么呢？

这一问就问出了一个课题，一个太难的课题。因为写一个人的生活经历并不难，写一个人之所以会成为这样一个人则极难；记录一位大师的生活经历不难，而要写出大师之所以成为大师则极难。何况孟沙海是一代宗师！

但多年的历史研究实践告诉笔者：成功不是空中楼阁，成功也决不会由其中一个因素促成。要找到一个人成功的原因，必须回溯历史，不仅要回到他个人的生活经历中去，还要考查他所处的时代以及这个时代所传承下来的学术积淀。

这可是个浩大的工程！工程浩大了，也就急不得了。慢工出精品，让我们穿越回到清代，从那时开始找寻沙孟海先生之所以能成为宗师的根缘，再进而考察他的艺术及留给我们的宝贵文化财富。

目录 Contents

第一章 彷徨寻索
- 2   第一节   沙氏故居
- 8   第二节   沙孟海出世
- 13   第三节   浙风陶冶

第二章 转益多师
- 24   第一节   融入海派
- 31   第二节   艰苦岁月
- 40   第三节   包稚颐
- 45   第四节   奠定学术基础

第三章 江湖起伏
- 52   第一节   再入宦海
- 56   第二节   救出四弟
- 64   第三节   两份电文定时局
- 71   第四节   五弟悲歌
- 77   第五节   宦海遨游
- 92   第六节   修蒋氏家谱

第四章 大相甫定
- 110   第一节   "大雄宝殿"（上）
- 118   第二节   "大雄宝殿"（下）
- 132   第三节   富春山居图
- 136   第四节   动荡岁月
- 140   第五节   登上艺术高峰

第五章 余韵不绝
- 158   第一节   了却夙愿
- 166   第二节   最后岁月

170   参考文献

第一章

彷徨寻索

PANGHUANGXUNSUO

沙孟海对自己的弟子说过，他的学养是："学问第一，篆书第二，书法第三。"看来学问才是书法成功的基础，而学问，却是要在传承上取得的。沙孟海何有幸，他生活的浙江这块土地，是中华文化积淀最深厚的地区之一。

百年巨匠

第一节

沙氏故居

　　浙江省宁波市市区向东 50 公里是该市的鄞州区塘溪镇，出镇 3 公里，在天台山脉大梅山下，梅溪水库（现又叫堇山湖）边，在三面环山、一边傍溪（梅溪）、前面就是大山脚下已无大路可走的一块平地上，有一个三百余户的小村落——沙村。沙孟海的祖居沙氏故居就在这里。

　　宁波乡村的民宅是很有特色的。不像北京的大宅院，都是方方正正的，宁波乡村的民宅都因山坡、溪水制宜而建。沙氏故居门前有一条小径，由碎石铺成，温润的南方气候，让小径边长出厚厚的青苔，给宅子平添了不少沧桑感。院墙以石块为墙基，上砌青砖，从院门外边开始砌，再沿着通向院门的小径向前延伸，与小径对面的同样用石块垒出的菜

沙孟海的故乡——沙村

地形成夹墙,让来沙家的客人有了被夹道欢迎的感觉,也让深藏的宅门有了一种"隐"的感觉,一种世外桃源之门的感觉。

走近看,院门有个翘角,这又造成了一种门楼的气势,它似乎在说,这户人家还是殷实的。进院来,是宁波乡村最常见的也是最有情调的两层平展小木楼。平展,说的是它很宽,比如说,长江以北民宅都是三开间,它却是四开间,所以显得很宽。两层,是说它不高,有苗家吊脚楼的感觉。灰瓦木窗,那是明清建筑的特征吧?小楼前一片比天井大的小院落,是用碎石铺出的,且不被包裹在建筑群里的,这让它又与徽派建筑区别了开来,有了浙东的风情。

其实沙孟海家这个住宅与当地其他民宅并无太大区别。区别就是在1900年,这里诞生了中国现代书法宗师沙孟海,当然还有他的四个弟弟——他们都在早年参加了革命,沙家那是一门忠烈!

梅溪的沙氏一族,沙孟海自己考证是出自南宋的仙居县(今属浙江省台州市)县令沙成。他当年迁到了鄞县(今市鄞州区),他的儿子沙承霸就定居在鄞县五港。沙承霸的儿子沙用明由五港再迁到梅溪，即今天的塘溪镇沙村。之后沙氏世世务农，到了清代同治、光绪年间出生的沙忠喜（字规墨），即沙成二十七世孙，为沙孟海的祖父。

在南宋时期，沙承霸与柱国副将军忠烈公沙世坚之孙沙全一同从军，在四川宋军中任职。这时，发生了一场著名战役，叫钓鱼山（城）之战。钓鱼山在今天四川省合川县城东5公里处，山高约300米，山上有座钓鱼城。此城俯看着山下嘉陵江、渠江、涪江三江汇流处，南、北、西三面环水，地势十分险要。它除了山水之险，还是交通枢纽，由它经水路及陆上道路，可通达四川各地。南宋理宗嘉熙三年（1239年）至四年间，彭大雅被任命为四川制置副使、重庆知府。彭大雅，字子文，南宋鄱阳（今江西省鄱阳县）人，宋宁宗嘉定十年丁丑科（1217年）进士。南宋理宗绍定五年（1232年）蒙古遣使来议夹攻金朝事宜，达成协议后，南宋遣使蒙古以表感谢，当时彭大雅以书状官身份随使者去了蒙古。回来后，他将亲历与见闻写成《黑鞑事略》，叙述了蒙古立国、地理、物产、语言、风俗、赋敛、贾贩、官制、法令、骑射等事，成为南宋制订对蒙策略的重要参考。由此他也成为对蒙古国情和军情最为了解的官员。他上任四川后，本着对蒙古的了解，命甘闰初（身世与职务不详，应是其属下将军）筑钓鱼城，以作防御蒙军入侵的军事要塞。当时百姓和许多官员并不理解，反对声不绝于耳。但他力排众议，终于筑好了钓鱼城。

南宋淳祐二年（1242年）六月，宋理宗派遣在两淮抗蒙战争中战绩显著的淮东提刑余玠入蜀主政，任四川安抚制置使，四川总领，兼夔州路转运使。余玠（1199年—1253年），字义夫，号樵隐，蕲州（今湖北蕲春东北）人。嘉熙年间任招信军（今江苏省淮安市盱眙县）知军，于汴城（今安徽凤台县）、河阴（今属安徽省宿州市）大败蒙古军。淳祐元年（1241年），赴援安丰（今江苏省东台市安丰镇），再次击败蒙古军。他到四川后，十分赞赏彭大雅的眼光。他以钓鱼山和钓鱼城为核心要塞，开始在四川的主要江河沿岸及交通要道上，选择险峻的山隘

沙氏故居外景

筑城结寨，构成了四川完整的战略防御体系。这些山寨，平时为商业集镇，利于农商；战时为坚固的堡垒，可有效抵御以骑兵见长的蒙古军的攻击。当然，其中最坚固的是钓鱼城，城建有内城、外城，外城筑在悬崖峭壁之上，由条石垒成。城内有大片田地和四季不绝的丰富水源，周围山麓也有许多可耕田地。这样的建筑使钓鱼城具备了长期坚守的各项条件。

1251年，南宋淳祐十一年，也是元宪宗元年。这年，成吉思汗幼子拖雷的长子、曾率兵远征过欧、亚许多国家的猛将蒙哥登上大汗宝座。次年，他命其弟忽必烈率师平定了大理，对南宋形成南北夹击之势。1257年，南宋理宗宝祐五年，蒙古宪宗七年，蒙哥发动了灭宋战争。蒙哥的部署是：命忽必烈率军攻鄂州（今武昌），塔察儿、李璮等率部攻两淮（今江苏淮安市及淮河流域）。此两部兵马先动，逼迫南宋分兵迎战；再命兀良合台自云南出兵，经广西北上，形成南北夹攻的态势，更造成宋军首尾难顾。两翼撕开，南北夹击，一般军事家造出此险境已是胜券在握了，但蒙哥走到这一步还只是造势佯攻，他的毒招还在后面。当此态势形成后，蒙哥就会亲率蒙军主力，骑兵奔袭，黑虎掏心，直取四川。四川才

沙氏故居富含浙东风情

是蒙哥真正的战略主攻方向,志在速战速决,一举夺占。然后蒙军主力顺江东下,与诸路大军会师,直捣宋都临安(今杭州),一举灭亡南宋。

此计不可谓不奇,此计不可谓不毒。但再好的战略设想,还要靠一场场具体战役和战斗来实现。战略制定后,战役和战斗的成败,就成了战略能否成功的关键。

1258年秋,蒙哥率军4万分三路入蜀。很快,蒙军相继占据了剑门苦竹隘、长宁山城、蓬州运山城、阆州大获城、广安大良城等,迫近了合州钓鱼城的核心要塞。蒙哥遣宋朝降将晋国宝至钓鱼城招降。当时南宋合州的守将为王坚(副将张珏)。他杀了晋国宝,表示了与城池共存亡的决心。南宋开庆元年(1259年)二月二日,蒙哥指挥蒙古军开始攻城。战至六月,钓鱼城仍在宋军手中。这时,《元史》上的记录是蒙哥患了重病,《马可·波罗游记》和明代《合州志》的记载是,蒙哥在攻城中负了伤,还有一种说法是宋军火炮发出的飞石重伤了蒙哥,但可以肯定的是,七月,蒙哥去世,蒙军只好撤退。钓鱼山(城)战役,宋军完胜。得知蒙哥的死讯,忽必烈也匆匆从鄂州撤军,赶回燕京争夺汗位。钓鱼山战役的胜利,让蒙哥十分周密且狠毒的灭宋计划破

沙氏故居内景

6

产,让南宋对蒙古的抗击又坚持了17年。

　　沙家的子孙沙承霸和沙全是随四川的宋军参加了钓鱼城保卫战的。

　　历史是最会开玩笑的老人。宋军钓鱼城一役的胜利并没有最终保住南宋。南宋理宗景定二年(1262年)任潼川府路安抚副使兼知泸州的宋将刘整,以所领15军、州、户口30万向忽必烈大汗(元世祖)投将。他个人得到了忽必烈的封赏,忽必烈授任他为夔府行省兼安抚大使。他更感恩戴德了,死心塌地效忠忽必烈,提出了灭宋的毒计:"无襄则无淮,无淮则江南唾手可下也(没有襄阳,即今襄樊,淮河流域将无法守卫;淮河流域守不住长江以南就可轻易拿下)。"他还表示愿率兵打头阵。忽必烈采用了他的计策,在南宋咸淳三年(1267年)开始了襄樊之战。战役打了6年,在此期间,刘整果然整训出一支水师,随蒙军出战,且屡战屡胜。最终南宋在襄樊战役中失败,这导致了南宋的最终灭亡。文天祥和后代史家都无一例外地认定:"亡宋贼臣,整罪居首(造成宋朝灭亡的乱臣贼子中,刘整的罪行排第一)。"

　　在这个时期,沙承霸与沙全分道扬镳了。沙全随刘整归降蒙古,后官至元朝松江(现上海)首任达鲁花赤(蒙古语:掌印者);而沙承霸脱下戎服,从四川归来,由吴迁鄞,成了宁波沙氏始祖。至于沙全,当了元朝的官,开始是华亭县达鲁花赤,因华亭治理得十分出色,由县升格成松江府,他就担任了松江府的达鲁花赤。他虽任的是元朝的官,但对松江汉族百姓还是百般保护的,因此很受当地百姓爱戴。他的后人也有迁到宁波居住的。

第二节
沙孟海出世

　　鄞州当地有一个传说：从前有一个瞎眼的算命先生，一日出了宁波城向东走，走啊走啊就走到了沙村。这时他面露惊讶之色，竟站定不走，连呼这地方日后必出人才。只是他并没有说是哪家会出人才，没有说沙村会出多少人才。

　　当时沙孟海的家就在沙村。他父亲叫沙孝能，字可庄，号晓航。因小时候两次被犬咬过，身体很弱，便选择了学中医为生。他好吟咏，好书画篆刻，由此可见他父辈的家境还是不错的。当时由于沙孝能的父亲，也就是沙孟海的祖父体壮力大，吃苦耐劳，家里有了积蓄，也买了田地和房产，还雇有一名长工。有此较富裕的家庭条件，沙孝能便有了亦文亦医的生活。他行医乡里，救死扶伤，无论黑夜白天，有无风雨，随叫随到，口碑极好。开始他初娶杜姓女子为妻，但杜氏一直怀不了孕。这样，在光绪二十四年（1899年）四月，又娶同乡大嵩村贡生陈明的三女儿陈龄（1877年—1944年）为妻。沙孝能时年24岁，陈龄约19岁。陈龄没有读过书，却因生在文化人家很有见地。她生有五子，沙文翰（即沙孟海，文翰是原名，后又叫文若，孟海是字，生于1900年6月）、沙文求（生于1904年12月）、沙文舒（文汉，生于1908年2月）、沙文威（生于1910年2月）、沙文度（生于1912年8月）。

沙孟海出生后，父亲正值盛年，家庭还算殷实，沙孟海自小就受到了较好的教育。他7岁入本村私塾，回到家中，还会按照父亲的指点，钻研篆书，习刻印章。用沙孟海先生自己的话说就是："余治印受之庭训。"《沙孟海先生年谱》上也有详细的记载：沙孟海7岁时，"课余回家后由父亲隔数日教一二个篆文"。9岁时，"见父亲将自镌'活人命于纸上'六字朱文印钤于为人诊病之药方上，深感兴趣"。11岁时，"识篆文颇多，常取小印石刻印章"。换言之，沙孟海在11岁时已能自己刻印章了。

不要小看了沙父这隔日教一两个篆文的举动，他这时已把沙孟海书法的根基扎在了中华上古文化的土壤中。

清光绪三十四年（1908年），慈溪（今宁波市下属一个县级市，离宁波60公里）北乡东山头旅日富商吴锦堂兴办的浙江省立锦堂师范学校落成。学校规模宏大，建

沙孟海之父沙孝能之墓

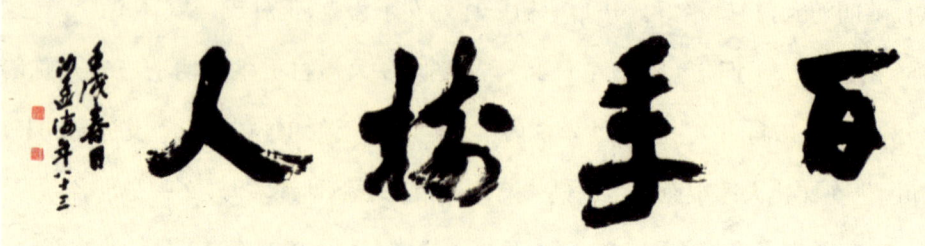

沙孟海书法作品

口字形教学楼一幢,共计 104 间及杂平房 19 间,还辟有操场、花园、蓄水池、学堂河,浙江巡抚呈光绪皇帝的请赏奏折中称该校为"浙江私立学校之冠"。1911 年,很有远见的沙孟海父母看中了这所新式学堂,托朋友将 11 岁的沙孟海带到慈溪锦堂师范附小,插入五年级的班级学习。沙孟海带着私塾中所学的中国传统文化而来,在这里学习现代知识。他每天仍很自觉地按照父亲要求临习《集王羲之书圣教序》。由此我们可以看到,沙孟海的书法也是从"二王"入手的。

这年 10 月 10 日爆发了武昌起义,史称"辛亥革命"。有一天,学校收到一份报纸,上面刊登的是辛亥革命爆发地武汉的革命政权——中华民国军政府鄂省都督府布告。上有一方官印,全校师生从学生到老师无人识得。唯有沙孟海,接过报纸,一口气读出:"中华民国军政府鄂省大都督之印"。顿时沙孟海"神童"的美誉,由学校传到校外。

此处的一个插曲是,盛誉传着传着也会走样。沙孟海读出"大都督之印"的消息传到沙村沙父沙母耳朵里时,已成了沙孟海读印后就参加了革命军,并在随部出征中战死。一个十一二岁的孩子怎么会参加革命军?但三人成虎,传的人多了也就不由得沙父沙母不信,他们心中开始不安。他们托人到了慈溪,要求一要见到沙孟海本人,二要找到老师打听沙孟海有无参军的想法。来人回去说,沙孟海仍在上学,且学习成绩十分优秀,沙父沙母这才舒了一口气。但父母的心终究是放不下来了,他们还是把沙孟海转回本乡花溪小学就读。

正当沙家幸福和睦、沙孟海学业日进之时,一个沉重的打击突然落在全家人头上。1913年9月,沙孟海年仅39岁的父亲沙孝能不幸病故。沙父从小被犬咬过,埋下病根,三十岁后每年不时发病两三天。发病时或默默地坐一天不说一句话,或喜怒无常地大发脾气。1913年9月这次发病后,父亲竟没有再从病态中缓过劲来,便直接去世了。这无疑给了沙家沉重的打击。

这时,母亲的胆识就显现了出来。办完了丈夫的丧事,陈龄把5个孩子都召集起来。当时家里的情况是,沙孟海14岁,算是已懂事。他二弟文求10岁,三弟文汉7岁,四弟文威4岁,五弟文度2岁。家里田产房屋还有些,但欠了不少外债,还有一个70多岁的老祖母。陈龄对孩子们说:"现在家里的情况不好了,不能保证所有人都读书,只能保证重点,就是保你们的大哥。"这话一出,沙孟海身上从此便有了一副担子,心中也有了人生的第一个担当。他后来回忆说:"母亲为了我,能使我多读点书,让4个弟弟都处于辍学的状态。因此作为一个长子,我要对得起我的弟弟们。等到我有所成就时,一定要把他们一个一个带出来。"

把弟弟们都带出来,是他在心中立的一个誓言,也是他承担了一辈子的责任。

俗话说:穷人的孩子早当家。可我更相信

沙孟海的母亲陈龄

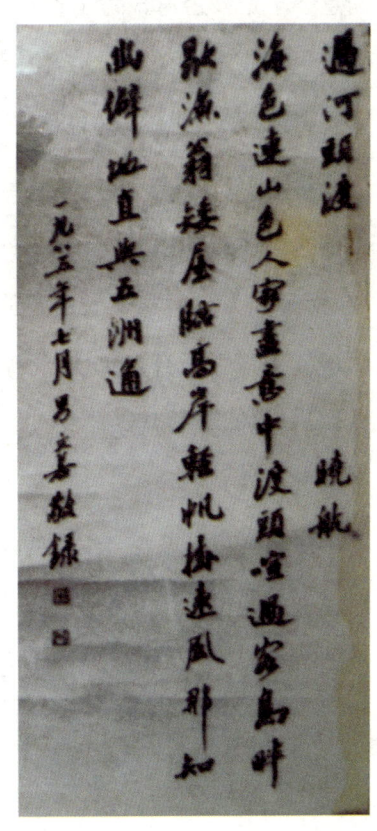

沙孟海父亲诗作,此为沙孟海其后抄写

的是，一个有担当的孩子会成大器！沙孟海的成才，便是从他立下这个誓言开始的。

第二年，沙母让沙孟海的舅父陈国华送沙孟海到百里外的庄桥镇集成小学学习，交给谢缄三、干兰卿两姻丈负责教督。谢缄三是鄞县名士，为浙东著名小学之一的普迪学校的首任校长；干兰卿也是文化名士。母亲的这一做法，体现了她的智慧，也体现了她的期望，这让沙孟海深感肩上的担子重大。到了新学校，他不敢怠慢学业。他继续按父亲的教导临习《集王羲之书圣教序》，还学习小楷。他给自己规定，小楷手抄《修身教科书》，不可抄错一个字。如果错一字即整页撕去重抄。沙孟海后来楷书也十分漂亮，就是从此打下的基础。

半年后，沙孟海萌生了报考高一级学校的想法，母亲没有犹豫，马上表示同意。于是沙孟海报考了设在宁波的浙江第四师范学校。师范学校不收学费，膳费也只收半。1914年沙孟海考入了第四师范学校，从此受到浙江学派学风的熏陶，度过了一生中最长知识的五年。

第二年，沙孟海还是师范一年级学生，才16岁，但母亲让他娶了离沙村25里的大咸乡咸祥镇贫农朱松盛的长女朱懋襄（梅香）为妻。朱懋襄大沙孟海两岁，而且因为是两家大人们定的婚姻，沙孟海不能说是十分满意的。但沙孟海知道沙家祖上一直是单传，母亲这么做是想早得贵子，想让沙家枝繁叶茂。他理解母亲的想法，从孝心出发，便遵从了母亲的意见，回家结了婚，且婚后与妻子相敬如宾。

1946年，辛劳了一生且终于让沙家枝繁叶茂的沙母陈龄去世，沙孟海回到故乡沙村为母办殡葬礼。他满怀深情地撰写一副挽联，贴于家门：

吾家获再造，繄母之力；
有亲弗能养，生儿何为。

第三节

浙风陶冶

沙孟海对自己的弟子说过,他的学养是:"学问第一,篆书第二,书法第三。"

看来学问才是书法成功的基础,而学问,却是要在传承上取得的。

沙孟海何有幸,他生活的浙江这块土地,是中华文化积淀最深厚的地区之一。

浙江以钱塘江为界,分浙东和浙西两部。从宋朝开始,杭嘉湖地区是浙西学者的主要活动地区,浙东学术则主要以余姚、鄞县、绍兴、萧山等县为中心,出了(王)阳明学派、永嘉学派、永康学派等著名学派,从宋一直兴盛到清。1128年,衍圣公孔端友率部分族人带着孔子楷木像追随宋皇室南迁，落脚衢州，被称为孔氏南宗（留在曲阜的称为孔氏北宗），这也让浙江学术更具有了国学的道统。美国学者贾志扬所写《宋代科举》有一份附录《宋代各州进士总数》，关于浙江省进士数这样载明：宋代的明州（宁波）873 名，处州（丽水）699 名，杭州 658 名，衢州 609 名，婺州（金华）580 名，湖州 540 名，越州（绍兴）473 名，秀州（嘉兴）427 名，台州 415 名，严州 346 名。科场连捷，大儒迭起，学派纷争，党禁悲歌，这四样特色便是浙派学术最明显的标志。宋末至元代，由朱熹女婿黄榦传入金华的朱子学，由"北山四先生"——何基、王柏、金履祥、许谦传递，成就了元末明初宋濂等婺州文人群的崛起，并以宋濂的学生、铁骨铮铮而被灭了十族的方孝孺为殿军。永嘉学派则是一条大河，从北宋中期的"永嘉九先生"开始，到南宋的薛季宣、郑伯熊、陈傅良和叶适，百余年间汇集了众多学者的努力。阳明学派倡导"实学"，其精髓理念是"崇实黜虚"、"实事求是"、"经世致用"，提出"知行合一"、"致良知"的哲学命题和"立德、立功、立言"的人格评价。1900 年，章太炎成立了浙学会，创办了《浙学》杂志。清末民初，以王国维、章太炎、蔡元培、鲁迅为代表的大思想家辈出，也是浙江学派繁茂不息的标志。明末清初时，经学家、史学家、思想家、地理学家、天文历算学家、教育家黄宗羲开拓出浙东学派的经学研究，与顾炎武并列为清学的开山始祖，毛奇龄、万斯大、姚际恒等人跟进研究《易》学，对清代乾嘉考据学的兴起做了启蒙。梁启超则认为清代史学也开拓于黄宗羲及万斯同、全祖望、章学诚等人，并自成系统，堪称清代史学界的楷模。在学者如云、学派如云的浙江做学问，真得天时地利人和也。

沙孟海有幸生活在浙江，有幸立志做个学问人。

他在日记中记录的恩师有 70 多位，其中浙江宁波主要有冯君木。

1914 年沙父去世时，15 岁的沙孟海正在宁波浙江第四师范学校读书，他是从这时开始得到冯君木老师的教诲与帮助的。当时他学业之余，苦练书法，常以字易米来补贴家用。冯君木对这位勤奋好学、吃苦耐劳的学生十分欣赏。

冯君木在学校里教国文,他有意识地引导沙孟海在古典文学上下功夫。这时沙孟海开始了文史方面的学习,攻读《左传》《礼记》《说文》及韩愈、柳宗元、归有光、录霡等大家的文集。

古典文化不断学习,让沙孟海找到了做学问的方向,也让其书法之根周边的文化土壤十分丰厚。

冯氏家族在宁波慈溪是一个世家望族,家谱记载是五代时吴越国礼部尚书冯叔和的后裔,已传 30 余世。冯君木的"君木"是字,其名为开(jiān),原名鸿墀(chí),字阶青。他在光绪十八年(1892 年)20 岁时考取秀才,二十三年(1897 年)丁酉科选拔贡生,朝考列为二等。科举时代,会挑选府、州、县生员(秀才)中成绩或资格优异者,升入京师的国子监读书,称为贡生,意谓以人才贡献给皇帝。依照惯例,贡生学成即可外任知县。但看到晚清政治腐败不堪,冯君木无意仕进,所以吏部询问时,他表示愿就教职。这样,第二年冯君木即赴浙江丽水任县学训导,一年后升宣平县学教谕。当了几年教谕后他称病辞归故里,从此在家乡以教书为业。他与应悔复(叔申,1871 年—1914 年)、陈训正(天婴,1972 年—1943 年)、洪佛矢(允详,1874 年—1933 年)并称"慈溪四才子",与桂林况蕙风、安吉吴昌硕、吴兴朱古微、长沙程子大等名人大家过从甚密。他特别肯提携青年

沙孟海恩师冯君木先生

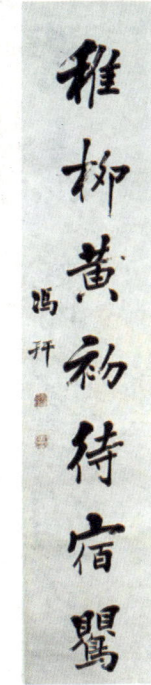

冯君木书法作品

蒋介石先生的"文胆"陈布雷曾是他的得意弟子。这时,他又成了沙孟海的老师。

沙孟海在校学习十分刻苦,他的同学俞亢写有一首五言古诗《怀越风社诸子》,其中这样描述刻苦求学的沙孟海:

孟海绝外慕,力学探其出。置身人海中,尘嚣不挂眼。
席间方丈地,凌杂简编满。低首诵经史,冥心事述撰。
客来畏酬应,口讷言为赧。起立小徘徊,逾阔觉已远。
倘能学辟谷,终岁宁不饭。生事殊难了,天明又恨晚。
身闲心则劳,忧子不知反。致书屡相规,呜呼奈子懒。

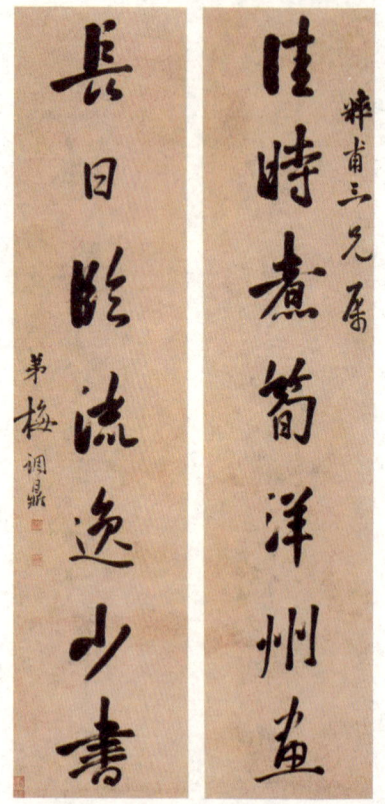

梅赧翁开创的浙东书风深深影响了沙孟海

"力学探其出""尘嚣不挂眼""低首诵经史,冥心事述撰",是沙孟海潜心学问的生动写照。

越风社是冯君木先生之子冯都良组织的研讨古诗文的社团,沙孟海也是社员之一。可见他对中国古诗文的爱好。

除古诗文外,这时他在书法上兴趣最浓的仍是二王,即王羲之与王献之。宁波有位先辈叫梅赧翁(调鼎),梅家名门世泽,先祖梅宽夫为南宋咸淳七年(1271年)进士,任过慈溪知县,曾率义勇响应文天祥而战死在常州。梅赧翁年轻时曾补博士弟子员,但绝意仕途,以习书为乐,终生布衣一个。他是1906年去世的,去世前就享誉浙东。有人称他为浙东书法第一座山峰，开创了浙东书风。他的书法作品到了日本后，日本书坛称其为"清代王羲之"，一时上梅家门求字者踏破了门槛，曾出现"为友求竹字，愿出万两银"的盛况。他写王字最出名，沙孟海曾评价他的书法说："不但当时没有人与他抗衡，怕清代260年中也没有这样高逸的作品。"1900年出生的沙孟海，当然看到了他很多的作品，当然很受梅先生及他开创的浙东书风的影响。

临"二王"帖五年后，沙孟海对书法已有了感悟。他感到自己笔力还是很软弱。他跟着父亲学过篆书，篆书他一直没有丢。于是他放弃楷书和行书，改为专攻篆书。从《会稽刻石》《峄山刻石》这些秦代的碑帖，到清代擅长钟鼎、石鼓、篆书的书法家、官至凤阳知府杨沂孙的《说文部首》以及清同治七年（1868年）进士、金石学家、书画家、民族英雄吴大澂的篆书《孝经》《论语》，他都找来研习临摹。这时还发生了一件让他自己都为自己已有的书法成就而骄傲的事情：1918年放假回家，他有天到邻村朋友家去作客。村里正好建了李氏祠堂，有人写了《李氏祠堂记》一文。听说沙孟海的书法好，就有人请他将《李氏祠堂记》书写成堂屏，要求是，必须要写篆体。他没有推辞，信手写来，一篇千家文一字不误。堂屏写罢，父老叹服，沙孟海名闻全乡。

真正有作为的人，不是不会陶醉，只是会在陶醉中看到自己的不足。沙孟海自我陶醉（他当然有理由陶醉）时，突然就有了困惑，因为他在朋友处看到了《郑文公碑》和《瘗鹤铭》两碑帖。

《郑文公碑》是魏碑的代表作，由北朝魏诗人、书法家郑道昭所书。郑道昭是魏碑体的鼻祖，在当时与王羲之齐名，有"北郑南王"之称，也被誉为"北方书圣"。此碑上的字宽博舒展，笔力雄强，字体虽近楷书，但有篆隶意趣相附，看了不能不让人气血上涌。

《瘗鹤铭》，原刻在江苏镇江焦山西麓断崖石上，南梁天监十三年（514年）刻，署名为"华阳真逸撰，上皇山樵正书。"宋人黄长睿考证它为梁代道教思想家、医药家、文学家，有"山中宰相"之誉的陶弘景所书。宋代诗人和书法大家黄

魏碑代表作《郑文公碑》　　**南梁陶宏景所书《瘗鹤铭》**

庭坚认其为"大字之祖",作诗说:"大字无过《瘗鹤铭》。"此碑高八尺,广七尺四寸,原有楷书十二行,每行二十五字左右。后因山崩,石堕江中,裂为五块。北宋年间找到一块,南宋时又找到其余 4 块,然而因石碑躺在江水中,要椎拓就需要等到冬季水枯石出时。北宋欧阳修在《集古录》中说他得字最多,有六十多字。康熙五十一年(1712 年)冬,谪居镇江的曾任江宁、苏州知府的长沙人陈鹏年会同其门人,历时三个月,将《瘗鹤铭》残石拉上岸来,并对其进行了清理,共计得字 86 字,其中全字 77 个,残字 9 个,并按前人考证时的摩崖石刻行次排列,无字处用空石镶补,在焦山定慧寺大殿左侧将其砌入壁间并建碑亭以护之。此碑字虽少,但古拙奇峭,雄伟飞逸,连笔圆润,神采脱俗,让人一见便忍不住叫绝。

　　见了这两碑的拓片,沙孟海如何会不心动?他此刻又萌生出了猛攻榜书(大字)的想法。

　　这时他又看到了商务印书馆影印的梁启超所临的《王圣教》《枯树赋》。梁启超是清朝光绪年间举人,戊戌变法(百日维新)领袖之一,当时已是著名的政治活动家、启蒙思想家、宣传家、教育家、史学家和文学家,其一句"少年强则国强"成了多少年轻人的口头禅(原文是:"故今日之责任,不在他人,而全在我少年。少年智则国智,少年富则国富;少年强则国强,少年独立则国独立;少年自由则国自由,少年进步则国进步;少年胜于欧洲则国胜于欧洲,少年雄于地球则国雄于地球。"）。他还是书法家，梁启超开始学唐人楷书，后转攻魏碑及汉代隶书，其书法理念深受老师康有为影响。沙孟海看到，梁启超临的这两帖，结体逼似原帖，但采用方笔，锋棱崭然。这马上又给了沙孟海一个启发，原来王字也是可以融入魏碑手法的。他也学着用方笔来写"二王"。他从王体出来，开始用新的手法再回王字。

否定之否定，否定就是升华。

这时，进入沙孟海眼界的还有黄道周和钱罕先生的书法。黄道周是明末学者、书画家、文学家、儒学大师、民族英雄。他是明代天启二年（1622年）的进士，南明隆武元年（1645年）时，任吏部兼兵部尚书、武英殿大学士（首辅）。回家乡福建漳浦铜山（今东山县铜陵镇）募义军抗清，失败被俘，清廷劝降不从，隆武二年三月五日（1646年4月20日）大呼"天下岂有畏死黄道周哉？"而殉国，史书载他头已断而身不倒，十分壮烈。黄道周的楷书主要学习三国时期曹魏著名书法家、政治家钟繇，但字体方整近扁，笔法健劲，风格古拙质朴，比钟繇更健。他的行草书，行笔转折方健，结字欹侧多姿，也以朴拙见长。如此书风，正是其忠烈性格的写照。沙孟海见到他的书法马上就喜欢上了，这也不奇怪。

钱罕，字太希，近代人。他毕业于复旦大学，到宁波的效实中学来当老师，教文字学。他曾与章太炎先生共研小学（这里所说的小学即研究文字、训诂、音

沙孟海非常喜爱黄道周的书法

钱罕的碑学风格深深影响了沙孟海

韵的学问），章太炎先生与冯君木先生誉他为"活字典"，冷僻俚语，在他那里都能获解。书法上他师从梅调鼎先生，博采汉晋、南北朝、隋、唐诸书法家之众长，又致力碑学，将碑学风格带入王字。他还结合《张猛龙》帖与黄庭坚的体势来写大字。有了写榜书想法的沙孟海便去结识他，跟他学习书法。他还看到了康有为写的《广艺舟双楫·学叙篇》，里面有讲如何写魏碑的程序，他便照着学。从此之后，沙孟海的字中有了魏碑的体势，对魏碑的学习，让他终身受益。

就这样，沙孟海转入对魏碑的研究与学习，书法风格开始向遒劲转变。他自己的感觉是，自己的字"展得开，站得住"，更有一层新境界了。

1919年，在宁波效实中学读书的冯君木之子冯都良邀请宁波当地一批文史界的师友到效实中学避暑，讲习文史。主讲教师除了他的父亲冯君木，还有主持《商报》的陈屺怀（名训正，屺怀是字），以及前清举人、书法家张于相诸先生。陈屺怀是陈布雷的堂兄，而且陈布雷也曾在效实中学任过教，所以陈布雷也去参加了这次活动。沙孟海是应冯君木先生邀请去的，他在这里就与陈布雷有了交往。对此次活动，陈屺怀先生有诗记其盛况，因效实中学地处城西盘诘坊，故称之为"盘诘集"。这次雅集时间长达40天，沙孟海得以从容结识学者与学友，增长了学识。

1919年，沙孟海师范毕业，到镇海县立高等小学任教。1920年，他又到鄞县梅墟求精小学任教。有了工作和收入，他开始履行自己的誓言，他入职时就把二弟沙文求带去插入高小二年级，暑假后又帮助他考入教学质量很好的宁波效实中学。半年后，又把三弟文舒（后改名文汉）、四弟文威带到宁波，分别在第四师范和师范附小就读。

这时的沙孟海，教学之余，一有空就会从梅墟小学赶到宁波来，向冯君木讨教，就像还没有从学校毕业一样。这走一趟就要80多里呀，其求学的意志实在可贵。冯君木先生非常喜欢这个弟子。他让沙孟海辞去教职，住进了他在宁波城内宝兴当弄堂的寓所，当起了他直接指导的"研究生"。沙孟海在这里学《史记》《汉书》，还结识了著名藏书家冯贞群，并得到他的指点。

著名藏书家冯贞群先生

这时沙孟海的学问比他同期的同学显著高了一筹：一是有了如何做学问的见识，即以做学问为重点，学书法应当是为了辅助做文章的，如果把时间全花在书法、篆刻上，终身只能为技艺人，成不了学问家。这时冯君木也看出了他在篆刻上投入精力过多的这个问题，叫他不要全身心地沉浸在篆刻之中，并给他取了一个号"石荒"，让他对石头要荒废一下，为钻研学术留下时间；二是有了书法鉴别能力。他已能知道自己不足在哪里，应如何改进。他找到了自己原来习二王字时没有笔力的原因：只知用圆笔，不知用方笔。改进的办法是：用笔时应当在"涩"上下功夫。

第二年，冯君木介绍沙孟海去当地富户屠康侯家当家庭教师。屠家的家院不算太大，但有池有馆有树有石，十分有味道。他教的学生仅是屠家二公子。这是一份既轻松，又有一份较高的固定收入，且可以有空闲与老师做学问的工作。

在这期间，冯君木把沙孟海介绍给了宁波的名流吴公阜、朱鼎煦，以及"今

南洋公学创办人之一张让三先生

之作篆者无出叔孺右"的赵叔孺（沙孟海语），这让沙孟海小小年纪就在宁波有了文名。这天，他竟收到了张让三的邀请函：

孟海贤友左右：大嵩又被灾，忧念无已。老朽病矣，无能相助。幸有沪上同乡代呼将伯。贤长官饥溺由己，尤可敬也。藻弟已来。得暇能枉顾一谈否？道远宜呼舆，中午便饭，不拘日期。老朽精气枯竭，静养一月，渐能谈话作字。喜贤通小学（这里也是指文字、训诂、音韵的学问），不慕荣利，此真吾党里之风，见千里头摹石斋，极神似，谢山所谓不钩之钢者也。所欲谈者正多，只好面罄。奉上喜联，拜烦大笔，三日内走领。陆生可教，然先宜学字。敬向道祺！张美翊谨状。八月初五早。

张让三先生是何等人士！他曾任清政府外交官薛福成的秘书，随薛福成出使英、法、意、比等国；他还是上海南洋公学（上海交通大学的前身）创办人之一。张让三写函来邀，且不说是老辈约后生，仅是让沙孟海雇车，留吃午饭，时间由沙孟海定几项，就可见沙孟海在张让三先生心中的分量。

这样，沙孟海又得以经常出入张让三府上。张府里有一个薛楼，里面藏书极多，张让三让他帮助整理。他一边分门别类整理，一边借阅苦读，还可得张老经常指点。有这样的机会，加上刻苦钻研的自觉，沙孟海学识增长更快。

就这样，他在宁波一直生活到1922年，时年23岁。

第二章

转益多师

ZHUANYIDUOSHI

沙孟海的生活经历，似乎向人们揭示了一个道理：一个人的成功，既得力于自己对传统文化的钟爱，更得力于大师们的传授。结识大师，得到大师的亲授，是成功的一条捷径呢！

第一节

融入海派

　　上海，襟江带海，扼守着长江的出海口。元代，朝廷为了管理粮食和物资的海路运输，将上海从镇升格为了县，上海由此渐渐成为一个商业城。道光二十二年（1842年），清朝在与英国的第一次鸦片战争中战败，八月二十九日清廷代表钦差大臣耆英、伊里布和英国代表璞鼎查在英军旗舰"康华丽"号上正式签订了中国近代史上第一个不平等条约——中英《南京条约》，条约规定中国开放广州、厦门、福州、宁波、上海五处为通商口岸，史称"五口通商"。从此上海外来人口迅速增多，经济总量迅速增大，成了"移民城市"。移民中，又不乏大量的文化人，于是上海在经济繁荣的同时，在吴越文化的基础上，兼容并蓄各地区的文化，在清代形成了

沙孟海书法作品

"海派文化"。就书法界而言,当时全国各地的大批文人墨客聚集到了上海,如赵之谦、吴昌硕、吴大澂、康有为、李叔同、黄宾虹、沈曾植、沈尹默、谢稚柳、来楚生、王个簃、白蕉、陆俨少、王一亭等,都在上海生活和创作,形成了海派书法。

在这样的背景下,沙孟海来到了上海。

1922年,沙孟海任教的屠家举家迁往上海。屠家很喜欢这个家庭教师,也很有提携人的家风,就提出让沙孟海随他们家一同前往上海。

冯君木以诗送行,并写成手卷《赠沙孟海即送其赴上海》:

吾生老好事,爱才若瑰宝。岂谓广培植,亦用娱怀抱。
若也狷者徒,幼清能爱好。从游六七年,毕景恣搜讨。
余事工刻石,法古非意造。刃游碧落地,指节出怪巧。
盲风币大地,陵迟及雅道。区区抱微尚,寂寞无人晓。
英才天所笃,努力造深窈。含睇伫山阿,得子吾可老。
芳物余几何,日受风气剥。涓涓一滴清,不抵万流浊。
眼中诸年少,好我惟子独。拾唾作珠玑,妥帖归掌录。
萧萧烟水外,寂寂两间屋。深言互证向,往往黄昏夙。
饥来不可忍,远游图自鬻。离别苦累人,政坐有口腹。
幽忧多疾疢,恃子慰萧槭。悯然促之去,作计将毋酷。

男儿志四方，行矣毋蜷局。回光照衰朽，梦来倘不速。

沙孟海捧着老师的手书，感到浓浓的师生之情，还有父子般的情义和老师的厚望。

张让三先生更有一番心意。他说："人家送行，都送你食品礼物，我就送你三封信吧。你到上海后，可分别持函谒见求教。古人说：'游士人以成名。'这也是年轻人学习成才的方法之一。"沙孟海接过信一看，原来是给当时的三位书法大家丁辅之、罗振常和郑孝胥的信。

丁辅之，1879 年 8 月 14 日生，原名仁友，后改名仁，字辅之，号鹤庐，又号守寒巢主，浙江杭州人，系晚清著名藏书家"八千卷楼主人"丁松生从孙。其家以藏书之丰闻名于海内。他特别爱好甲骨文和篆刻，是著名的篆刻家、书画家。罗振常，1875 年生，字子经，又字子敬，号心井、邈园。浙江上虞人，侨居淮安，为近代著名学者罗振玉的三弟。罗振常工诗古文辞，在辽东任教数年回归后，设"蝉隐庐"以藏书，遇有宋元精刻、名家抄校等均加以收藏，又精于校勘，于版本源流、文字异同、收藏变迁皆详细稽考，是个大学问家和藏书家。郑孝胥，生于 1860 年，为清光绪八年（1882 年）举人，历任清朝广西边防大臣，安徽广东按察使，湖南布政使等。辛亥革命后以遗老自居。后来他在 1932 年任了伪满洲国总理

著名书法家丁辅之书法作品

著名书法家郑孝胥书法作品

大臣兼文教总长,这段历史给他的人生添了污点,但在那之前,他楷书学欧阳询及苏轼,由魏碑增力,是著名的书法家,是"不墨守盛唐"的同光本诗体的开派作者。

这样重量级的学者,这样的推荐信,沙孟海顿感大师恩情的厚重。

1922年10月6日,沙孟海离甬抵沪。到了上海,他担任了屠家,还有蔡琴孙家的家庭老师。屠家当时还只是一个儿子受教,蔡家则有五个子女入学。以家庭教师的身份安顿下来后,他就开始走访上海的书法名家。

沙孟海拿着张让三先生的引荐信见到郑孝胥,进而又与他仰慕的康有为见了面,得到榜书方面的指点。他与朱强村、章太炎、马一浮等宿儒也有了交往。这时他生命中的又一位恩师出现了,那就是吴昌硕。

沙孟海先认识了赵叔孺大弟子陈巨来的岳丈、前清遗老况蕙风。况蕙风的"蕙风"二字为号,其原名况仪,1861生,为避清代宣统皇帝溥仪的名讳,改名为况周颐。况蕙风字夔笙,又一字为葵孙,号玉梅,又号蕙风,别号二云、悔道人等,广西临桂(今桂林)人,祖籍湖南宝庆。况蕙风早慧,9岁举秀才,光绪五年(1879年)中举人,授中阁内书,后以会典馆纂修身份外放浙江任知府。他入过端方、张之洞的幕府,并一度任自强学堂教习。辛亥革命后寓居上海,是清末民初著名的词人、词论家,兼工金石、文字、考据之学。他著述颇丰,传世有词集、词话、笔记丛谈、书画真迹等,是当时上海滩名士。况蕙风看了沙孟海的篆刻后,鼓励他去见吴昌硕,他认为吴昌硕治印自有一番特色。

吴昌硕,有"中国的文人画,起自王维,终于吴昌硕"之誉。他于清道光二十四年(1844年)九月十二日(农历八月初一)出生于浙江省安吉县鄣吴村(当时隶属孝丰县),原名俊、俊卿,字昌硕,又字仓石,别号缶卢、苦铁、大龙等。吴昌硕本为浙江人,读书人家庭出身,但功名仅是咸丰年间的秀才。他从小治印,讨教各方印家,学术上却大有成就。光绪二十五年(1899年)他遇到了吴大澂。

吴大澂(1835年~1902年),字止敬等,号恒轩,江苏吴县(今属苏州)人。同治初住在上海时，入萍花社书画会。清同治七年（1868 年）中进士，光绪十二年（1886 年）升任广东巡抚。光绪十三年（1887 年）八月，任河南山东河道总督。吴大澂作官之余，又工山水、花卉，精于金石书法和鉴赏，富收藏，尤能审释古文奇字，书法以篆书最为著名，其六女后嫁予袁世凯长子袁克定。

光绪十六年（1890 年），吴昌硕与吴大澂相识，并为他刻了一方"愙斋鉴藏书画"印。吴昌硕给吴大澂留下了极好的印象。光绪二十年（1894 年），吴大澂聘吴昌硕为幕僚，一同出征山海关，与日军作战。但吴大澂战败，自己已没有了升迁的机会。吴大澂是个爱才之人，他爱惜吴昌硕这个人才，就让好友、淮扬道道台丁葆元保举了吴昌硕。这样，在光绪二十五年（1900 年）十一月，56 岁而没有大功名的吴昌硕破格任了淮安府安东县（今江苏省淮安市涟水县）的县令。这本是创了一个秀才当县令的佳话（历朝历代当官都要举人以上的功名），但吴昌硕偏偏不爱当官。上任仅一个月，吴昌硕就刻了一个"一月安

著名画家吴昌硕先生

东令"的印，弃官到了上海。光绪三十年（1904 年）吴昌硕被公推为西泠印社第一任社长，时年 61 岁。第二年，再任上海书画协会第一任会长。再一年，任海上题襟馆金石书画会名誉会长。吴昌硕至此终成海派书画的旗帜，蜚声海内外。

对这样一位名家，沙孟海何尝不想拜见。他到上海后结识了吴昌硕先生的公子吴子茹，一起去山西北路吉庆里拜访过吴昌硕先生。他给予他的教导是"治印要以汉印为正宗，初学的人应当平实"，对他篆刻中有赵之谦（清代著名的书画家、篆刻家。浙江绍兴人。初字益甫，号冷君；后改字㧑叔，号悲庵）的风格，表示不太认可。

听了他的讲述，况老微微一笑，计上心来。

况老买了好酒好菜，出面邀请吴昌硕到自己寓所来赴宴。他很富有挑逗性

地说:"近日我有位朋友从绍兴来,送来极品花雕,我不能独自享受呀。我就想到了老兄你呀!"吴昌硕听罢,马上点头,随他一路来到况家。

况老当天就请了吴老一人。两位老人一杯又一杯,兴头很足。这时沙孟海"不经意间"走了进来。况老介绍说:"这是沙孟海小兄弟,是你们浙江同乡。他篆印好极了,我称他的篆刻有'劲、润、韵、静、靓'的特点,比陈秋堂的还好!"

陈秋堂本名陈豫钟,秋堂是他的号。他也是浙江人,是清代的治印大家。听况老这么一说,又是自己的同乡,吴昌硕马上让沙孟海坐在自己身边。他对况蕙风说:"你老兄看好的那定然是好。"接着,他再对沙孟海说:"来,我们先干一杯!然后我们再看看你的印。我猜想你一定带着印来的吧?"说着他呵呵一笑,将杯中酒一饮而尽。

吴昌硕是聪明人,到这时,他已知道了况蕙风本次请喝酒的本意,但心中并没有不高兴。

沙孟海也喝干了酒,然后取出自己的印来请吴昌硕指教,吴昌硕看后连称不错。况蕙风此时接口说:"这样的青年才俊简直如凤毛麟角,我这里笔墨纸砚是现成的,缶翁总要写几

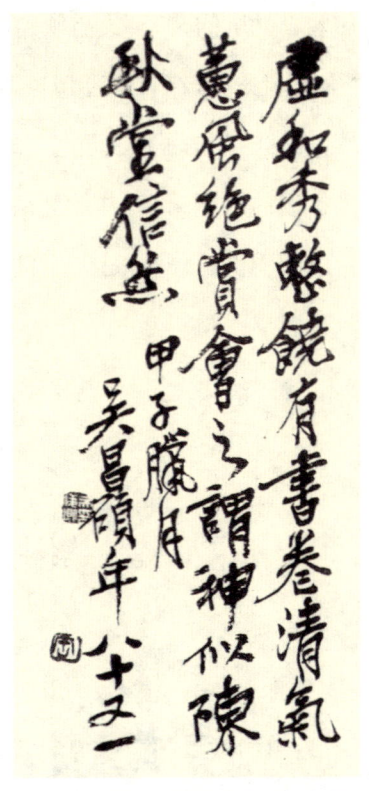

吴昌硕给沙孟海的题词

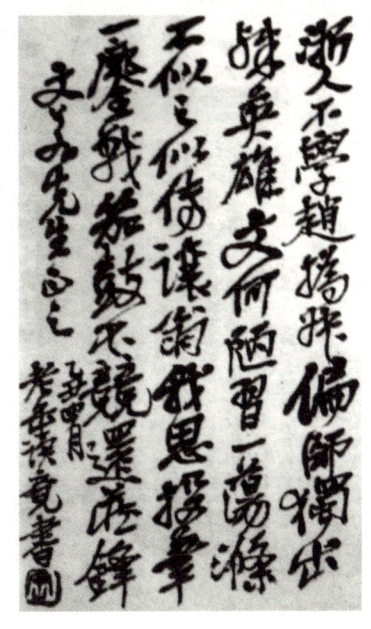

吴昌硕赋诗褒奖沙孟海

句勉励勉励的啰！"吴昌硕当即点头，沙孟海赶紧磨墨铺纸。吴昌硕掭笔写道："气虚和秀整，饶有书卷清气。蕙风绝赏会之，谓神似陈秋堂，静、润、韵三字之妙，信然。"缶翁吴昌硕这一笔字写下来，沙孟海就进入了吴昌硕的殿堂，成了吴昌硕的入室弟子，从此之后就不断得到吴昌硕的指教。第二年，沙孟海又携带近期创作的作品来请吴昌硕指教。看到沙孟海的篆刻又上了一层楼，吴昌硕赋诗褒奖：

浙人不学赵㧑叔，偏师独出殊英雄。
文何陋习一荡涤，不似之似传让翁。
我思投笔一鏖战，笳鼓不竟还藏锋。

"浙人不学赵㧑叔"，指沙孟海得吴昌硕耳提面命，印风从赵之谦的印风中走出，愈趋接近吴昌硕遒劲古朴的风格。"偏师独出殊英雄"，指他的印刻已形成了自己的风格。当然，沙孟海从吴昌硕那里学到的不仅是刻印，还有他的书法。沙孟海后来在《我的学书经历和体会》中写道："在我廿五岁至廿八岁四年中间，得到吴先生指教较多，听他议论，看他挥毫，使我胸襟开豁，眼界更扩大，我从此特别注意气魄，注意骨法用笔，注意章法变化，自觉进步不少"。

这时期，沙孟海的篆刻还经常发表在章太炎主办的《华国月刊》，名声便不断扩大。

如此看来，一个人的成功，既得力于自己对传统文化的钟爱，更得力大师们的传授。结识大师，得到大师的亲授，是成功的一条捷径呢！

第二节

艰苦岁月

沙孟海的恩师冯君木,本来就想终老宁波了,不料海派活跃的生命力,又把他吸引到了上海。

1925年春,在上海办钱庄十分成功的浙人秦润卿,致富后崇尚文化,在上海钱学会馆创办一所修能学社,弘扬中华学术。他请冯君木出任首任社长。冯君木来到上海后,聘请陈布雷(后被称为蒋介石的"文胆")、钱太希(小学家)等为修能学社教授,并破格聘请沙孟海为国文函授部助教。这样沙孟海的社会地位有所提高,与众多大师接触起来就更便捷了。

在众多大师的扶持下,年轻的沙孟海在上海声名鹊起。当时上海的风气是,婚丧寿宴多有题词,送礼时许多人喜欢送名人书画。这样,上海滩来求沙孟海字的人常常盈门。这时,沙孟海请书界前辈、在前清光绪年间官至礼部右侍郎的有"晚清四大词家之一"之誉的朱祖谋先生执笔,为自己的作品开列了润格:

为沙孟海作品开列润格的朱祖谋先生

文若(即沙孟海名)橐笔食力,薄游沪上,三年于兹矣。牛角解文事,游习小艺,染翰煮石,意在自娱,匪为人役。而棘刺之术未工,户限之木已损。缣素充几,牙石衍筐,尽气毕力,莫竟其偿。而人不知余之不肖,重以祝蝦铭幽之文来相督责。繁简并命,小大杂进,程期急促,不可转侧。昼日不给,继之以夜。餐不待甘饱,眠不得宁贴,顾此则失彼,应甲则遗乙。谴让满前,怨讪在后。家故贫薄,赡生多阙,阖门十口,恃此微躯,而秉体孱尪,一受煎迫,齿痛目赤,肠腹闷积,朋辈顾视,辄用忧虑。夫以为人之故,而便问学失藏修之素,体干违调摄之方,交游增凉薄之望,生计乏弥补之策,人生实难,斯诚何苦矣。郑译有言:"不得一钱,何以润笔。"夫文事微尚,宁能货取。生虽寒素,亦知茂勉。自衷若此,宜可悯惜。用立润约,敢谂远迩。约曰:

凡书:帖修四尺者银三元,……凡印:花乳石二元……

余年未三十,胸无墨气,面见颜粥文,必遗世訾。然索者既伙,辞之不获,而一文之成,动彻昏晓,其为艰苦,视上二者何啻什倍。夫夺作书治印之时以为文辞,而不获与作书治印同其劳酬,亦事之不平者也。书印约讫,殿以文约:

凡文:寿言哀诔之属六十元……

这润格文绉绉地说了一气,最后落实到一句,就是沙孟海现在的书法作品是有水准的了,是有价的了,而且这个价不是沙孟海自己说的,是朱祖谋老先生定的。这样一来,沙孟海在上海的收入又多了不少,算是站稳了脚跟。这时他最想要做的事是让几个弟弟完成学业。当年,母亲为了让他上学,让弟弟们辍学。现在,他要为弟弟们做出补偿。

他把自己的薪水寄回去资助弟弟们。1925年,二弟沙文求在宁波效实中学毕业,同年即加入了共产党。三弟沙文汉这时也考入宁波甲种商业学校读书,1926年毕业也加入了中国共产党。四弟沙文威1925年时在宁波第四中学读书,参加了共青团,任宁波学生联合会主席。

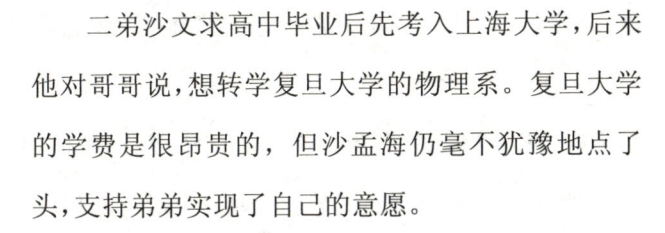

二弟沙文求高中毕业后先考入上海大学,后来他对哥哥说,想转学复旦大学的物理系。复旦大学的学费是很昂贵的,但沙孟海仍毫不犹豫地点了头,支持弟弟实现了自己的意愿。

1926年6月,沙孟海在上海戈登路(现江宁路)715号租了一所平房(两间),带着夫人朱懋襄与二弟沙文求同住。由于门前篱笆里种了许多石榴树,他给这间小屋起了一个十分诗意的名字——"若榴花屋"。

这时,因为二弟沙文求是中共地下党员,这间小屋也成了江浙地区共产党的一个秘密联络点。1926年上半年,沙文求受党的委派回到家乡搞农民运动,1926年夏,他在沙村建立了第一个共产党支部并着手组织沙村农会。1926年秋,因广东需要干部,江浙区委决定派一批青年学生去广州中山大学进修,以作为革命干部的后备。当时沙文求就报了名。

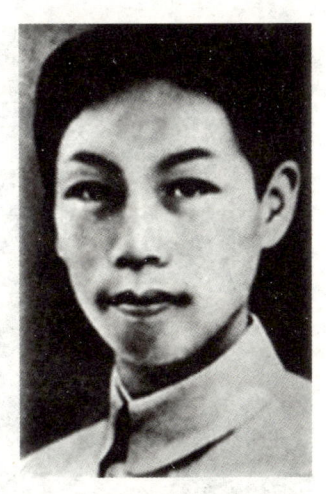

沙孟海的二弟沙文求

若榴花屋

沙孟海、沙文求、陈修良在若榴花屋合影

与他同去的，还有上海国民大学的女学生陈修良。陈修良后来成了沙孟海三弟沙文汉的妻子。这是后话。临走前，沙文求、陈修良与大哥沙孟海就在若榴花屋前照了一张合影。合影上，陈修良手扶一支修竹，风采十分动人。沙文求着学生装，浑身透着一股要干一番大事业的才气。沙孟海则坐在一张藤椅上，沉稳安详，一副老大哥的模样。

沙文求走后，三弟沙文汉谢绝了大哥沙孟海为他在青岛明华银行安排的"铁饭碗"职位，回乡接替了二哥沙文求在农会里的职务。沙村农会后与奉化松岙卓兰芳负责的忠义区合并成立中共鄞奉区委，由卓兰芳任书记，沙文汉任委员。而四弟沙文威则在1926年6月参加支持宁波和丰纱厂罢工运动后，因被当局通缉，没法在校读书，被学校以"旷课"名义退学。

不少进步青年经常出入若榴花屋，时间长了就引起了修能学社董事会的注意。董事会成员并不都是国民党方面的人，但也不愿意为自己带来麻烦。1926年底，社董事会以沙孟海"交游太杂"为由将其解聘。这时，他的恩师冯君木先生再次出手相助，1927年1月将其介绍进了商务印书馆编译所工作，再次为他解决了温饱问题。

这时有个小插曲，商务印书馆里有个小青年叫冯定，是浙江慈溪孝中镇（今江北区慈城镇）人，毕业于宁波师范学校，后考入上海商务印书馆，1925年秘密加入了中国共产党。他与沙孟海关系很好，也知道沙孟海有两个弟弟，一个是共产党，一个是共青团。有一天，他来动员沙孟海也参加共产党。沙孟海想了一下说:"我是老大,一家老少都要靠我挣钱来养活。你们做的事,随时都可能被当局抓了去。我不在贵党,还能为你们留一条后路,必要时可以营救你们。我还是不参加贵党为好。"听他这么说,冯定觉得有道理,便也没有再来勉强他。

1927年,注定是个多事之秋。从大事上讲,这年,蒋介石在上海发动了"四·一二"政变。在此之前,国民党当局4月9日在宁波、4月11日在杭州就已经动手了,开始抓捕、屠杀共产党人。从沙孟海个人的家事上讲,这年,他身为中共地下党员的三弟沙文汉遭到国民党通缉。4月14日晚,从沙孟海老家来上海的豪绅施绪初见到沙孟海,这么对他说:"我们是世交,你三弟搞农运打击我,我是不回去了,但村里的乡亲对他则必不肯罢休。你的五弟已被村里人捉到,你赶快回去看一下。你人缘好,村里人不会对你有什么的……"言下之意,沙孟海15岁的五弟沙文度被绑了票。

沙孟海听信了他的话,马上借了一笔钱作为赎金,匆匆坐船赶回家乡,去赎五弟。可他不知道的是,这哪里是什么土匪在绑票,明明是施绪初在搞鬼。原来沙文汉在当地发动了秋收暴动,给当地国民党保安队以歼灭性的打击。但暴动的农民却被随后赶来的国民党正规军所打散。当地的反动豪绅施绪初马上反攻倒算,鼓动一批流氓去打砸设在邹溪庙的滨海区农会会所。他们没有抓到沙文汉,探听到沙文汉的弟弟沙文度在邹溪村某人家,就把他抓了去,装入麻袋中,扬言要将沙文度投入深潭。

乡亲们来与沙母陈龄商量,建议请邻村的有"童氏五杰"之誉的乡绅童第锦(字葵孙,是后来中国科学院院士童第周的哥哥)出面调解。这时沙母大义凛然地放话:"你和他拼命,我看他敢不敢!"听她这么一讲,本来就胆小的施绪初就软了下来。这时童第锦、张墨鸠等老乡绅主动站了出来,劝施绪初放了沙文度。施绪初放回沙文度后,看国民党正规军撤走了,心也就更虚了,自知自己在乡里也做了不少坏事,怕被人报复,就逃往上海居住去了。巧的是,他在上海遇

沙孟海书法作品

到了沙孟海。他想，如果把沙孟海害了，沙家五个儿子群龙无首，以后他就不会再有大麻烦。于是施绪初就编出上面这段话来骗沙孟海赶回老家去。同时，他命人带信给那帮流氓，让他们在沙孟海回乡后抓捕沙孟海。

15日，沙孟海乘轮船回宁波，16日从宁波下乡回沙村。与他同行的还有堂侄沙海庆。在离家还有三十里时，沙海庆说沙海庆腿快，让他先跑回家去报个信。

沙海庆抢先一步回到了沙村。这无意之间，竟救了沙孟海的命。沙海庆到沙村时看到，施绪初的党羽勾结来了奉化杨村一带的流氓，领头的一人拿一面大旗，上书"拥护蒋总司令"，手里还提着一支机关枪，一路走一路鸣枪威吓。沙家人正准备吃午饭，得到报讯后马上四散，避入邻家。听沙海庆说沙孟海就要到家了，沙母马上请小姑母叶氏出村，顺着沙孟海的来路拦住他。她拦到沙孟海后，拉他进入叶公山，住到了自己家里。这时，沙孟海才从小姑的嘴里知道施绪初的毒计。

匪徒到了沙村，把沙孟海家洗劫一空，同村及邻近的童家岙、上周岙各村中，凡与农会有关联的人家皆遭劫掠。匪徒在沙家打劫时，东邻老农沙云寿正巧到沙家来说话，被这帮匪徒绑住。当晚匪徒住宿宝庆寺，将沙云寿绑在柱上，拳脚交加，一边逼他说出沙文汉等人所在，一面派人到沙村找沙母索要赎金一千元。

沙孟海的族叔沙敏生星夜赶到叶公山，与沙孟海商量对策。沙孟海自己当然不能出面，但说一定要保全沙云寿性命。他请族叔出面斡旋，赎款由沙孟海负责。经沙敏生去寺里与匪徒们洽谈，赎金减到了三百元。沙孟海把赎金交给族叔带去，沙云寿被放了回来。

第三天，沙孟海在山脚下的一户村民家见到了母亲。这时，沙母先已把老祖母送往洪岙大姑母家住，其他家人也分避到咸祥、王家山等处亲戚家。她觉得沙村已待不下去了，便让沙孟海到上海去租寻一套房子，把全家搬过去。

沙孟海赶回上海，在闸北青云路九弄租了房屋，然后再将母亲陈龄、夫人朱懋襄、二弟沙文求的妻子王弥、五弟沙文度等一大家人接去上海同住。祖母因年老不愿远行，就继续安置在洪岙大姑母家。三弟沙文汉没有同行，因其起义失败正在逃亡途中；四弟沙文威亦是共产党员，也没有同行。4月9日国民党在宁波动手时，沙文威还在宁波组织示威游行。当时国民党军一下包围了游行的学生，打死打伤并抓捕了不少人，但沙文威逃出了包围，没有了踪影。

越是多事之秋，越显出长子当父、长嫂当母的担当。在沙孟海为家庭费尽力气时，他的夫人朱懋襄也里外操持，扶老揩幼，为家庭操碎了心。这年秋天，因操劳过度，沙孟海年仅29岁的妻子朱懋襄生了病，不久竟然病故。她身后留下子女有长女沙韦之（1917年生）、长子沙展世（1920年生）、次女沙频之（1922年生）、次子沙茂世（1923年生）以及三子沙更世（1926年生）。她让沙孟海家族这一支再度枝繁叶茂。这些年她相夫教子，十分辛苦。年纪轻轻便突然病故，让沙孟海十分悲痛。

随着沙家一大家人来到上海，开销陡然增大。沙孟海卖字鬻印，四处兼课，还要还借款，日子过得很拮据。

弟弟们因参加革命，给家庭带来诸多不利，对此沙孟海毫无怨言。这年年底,商务印书馆编译所知道沙孟海与共产党有染,也将他辞退。这让沙孟海又一次没有了固定的收入。不过沙孟海仍很坦然。他在诗中写道:"丈夫绝粒寻常事,告贷有门未是贫。"没有饭吃是寻常事,只要还有地方借钱就不算贫困到家。沙孟海这是有着多么大的气度!

这时他还在为二弟沙文求向广州中山大学寄学费。但学费被退了回来,沙孟海心里隐隐有些不安。他所不知道的是,二弟沙文求去了中山大学后,当选为中山大学共青团支部书记。1927年,为反抗国民党的屠杀,继"八·一"南昌起义、"九·九"秋收起义后,共产党人也于12月11日在广州发动了广州起义。

广州起义时,沙文求是赤卫队的中队长。暴动中,他的任务是带队抓捕广东高级法院的法官。暴动失败后,他躲避到了香港。次年8月,沙文求再次以共青团广州市委委员的身份派回广州,不料在一座茶楼里被人认了出来,被国民党当局捕获。几天后在广州红花岗就义,时年24岁。

沙孟海就这样失去了一个最有才华的弟弟。二弟沙文求牺牲的消息他是1928年11月才知道的。当时沙文求的朋友张正夫参加了一个地下的纪念会,带回来地下刊物《列宁青年》第一卷第一期(1928年10月),上有《追悼死难的青年战士》一文,被纪念者的名单里有他二弟沙文求的名字。沙孟海悲痛欲绝,这时他才知道所寄学费被退回来的真正原因。

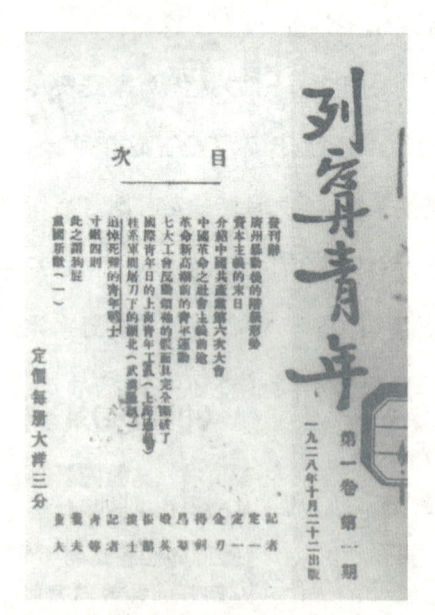

沙文求的妻子王弥没有再嫁,而是留在沙家照顾一家老小。她与沙母患难相依,沙母1944年6月1日晨7时去世时(时年68岁)她守候在旁,寸步不离。沙孟海对王弥怀着深深的敬意,一直尊称这位弟妹为"二嫂"。王弥去世后,沙孟海亲笔为她写挽

《列宁青年》第一卷第一期

联:"有造于大家庭,尽心于党组织;归骨到黄公岭,飞梦到红花岗。"

沙文求有遗腹女沙兼之,她后来在1944年参加了新四军,从事医护工作。沙兼之结婚后有5个子女。

沙孟海五兄弟,现在只有五弟沙文度(字季同)在他身边。沙孟海把所有的爱都倾注在了五弟身上,让五弟去上海劳动中学分校立达学园学习。

这一年,是沙孟海一生中最艰苦的岁月。

第三节

包稚颐

　　沙孟海在上海的名气很大，但因为有几个红色的弟弟，当时在白色恐怖笼罩下的上海，没有人敢雇用他。谁又愿冒着沾上赤化的风险呢？1928年1月，三弟沙文汉在奉化组织暴动失败后也逃到上海青云路沙孟海家中住下。沙孟海曾用名沙文翰，并以此名在浙江省第四师范毕业。沙文汉就用这张文凭考入日本人办的东亚同文书院，还秘密担任共青团上海法南区委书记。这样，沙孟海的生活，无论从经济上讲还是政治环境上讲都更困难了。

　　他的恩师冯君木先生又出手援助了。他写信给原商报主编、时任浙江省杭州市市长的陈屺怀先生，请他在杭州为沙孟谋取一职。在陈屺怀的推荐下，沙孟海在1928年2月

在陈屺怀的推荐下，沙孟海进入了浙江省政府工作

沙孟海和夫人包稚颐

去浙江省政府秘书处第二科任了科员。

当时沙孟海的月薪为140元，应当是不错的。省政府秘书长名字叫双清，他碍于陈屺怀的情面，对沙孟海的红色背景也不予过问。杭州西湖边有一座小山包叫孤山，原来是南宋时的皇家行宫，现在为西泠印社所在。但在当时是开辟成了公园。陈屺怀市长想将其命名为"中山公园"，想到沙孟海书法不错，就让他题写了"中山公园"四个字。这样一来，沙孟海在浙江省政府里出名了，这让他的生活环境宽松了不少。他拜谒了与梁漱溟、熊十力合称为"现代三圣"或"新儒家三圣"的马一孚先生，并与莫斯科留学回来的宁波老乡崔晓立等五人组织了读书会，合伙开"我等书店"出售进步书籍（不过崔晓立很快被捕，直到抗战开始才被释放）。

由于浙江省政府拖欠工资的事常会发生，加上上海生活费用很高，到了1928年，住在上海的沙母率全家再度迁回了宁波老家。

因为沙孟海在浙江省政府任了职，在乡里人看来也算是大人物了，所以也没有人再敢欺负沙家，沙家的生活在乡里也十分安定。

家里家外都稳定了，沙孟海又可以安心研究起他的书法来。

1928年，他写出了《近三百年的书学》和《印学概论》两文的初稿。文稿虽还

相與欣佳節 和柔地采條 揮筆蕩雲藻 千載同一時

一九八一年辛酉上巳蘭亭書會席上承晉閩謝安郵惠孫綽謝律詩多詩句相與欣佳節一首 沙孟海年八十二

未发表,名声已在外面。1929年7月,广州的中山大学邀请他去中国文学系担任教授,与他同行的还有他的新婚夫人包稚颐。

包稚颐1906年生于宁波。父亲包珩,字卓人,清同治三年(1864年)生于太平县屿(现为浙江省台州市温岭县石塘镇捕屿村)。祖上是官宦人家,享有世袭骑都尉的祖荫。这样,包珩36岁时就保送进入宁波学堂。他参与了对荷兰船员的营救且立了功,清政府就提拔其为清军水师石浦营都司(四品)。清宣统三年十二月二十五日(1912年2月12日)清帝退位,他解职回家,举家迁往宁波,与同乡等在宁波开设台州会所。民国三年(1914年),包珩在舟山岱山设立渔业公所。民国十一年(1922年),他与浙江省临海县人葛醴泉一同驾船航海,到时属江苏崇明县境内的嵊泗列岛,开辟渔场,并在那儿设立台州渔业公所。之后台州的渔民就开始去嵊泗列岛从事渔业生产。

台州渔民常去的渔场还有舟山渔场,每年都有上千艘渔船去舟山渔场捕鱼。但舟山渔场也是宁波渔民捕鱼的地方。台州渔民捕墨鱼用笼捕法,宁波渔民则用网捕法,这样便时有网拉到笼、笼割破网的纠纷,两地渔民在舟山渔场常常会发生冲突。从民国十九年(1930年)起,包珩多次调解两地渔民的纠纷,并请官府勘定各自捕鱼的地域,终于让双方相安无事。包珩在宁波住了22年后,又回到家乡温岭,先后当选为温岭县渔会常务监事、常务理事。包夫人姓舒,她和包珩生育有四个子女,长子包济华、次子包毅华、四女包贲华(亦名包稚颐),老三不详。

包稚颐幼时随父亲包珩在宁波生活,毕业于宁波女子师范学校,毕业后就在鄞县女子中学任教务员。这时,包稚颐爱上了书法,跟生活在宁波的书法家吴公阜(泽)先生学书法。吴公阜与沙孟海友情很深,多有书信来往,他就有了把包稚颐介绍给沙孟海的想法。

听了吴先生对沙孟海情况的介绍,包稚颐不免有些犹豫。她见过沙孟海,沙孟海年纪轻轻就有如此的学问,还有他对家庭的担当,给她留下了极好的印象。但沙孟海已有五个子女呀，沙孟海的弟弟还在被当局通缉中，她一时拿不定主意。家里的意见也是倾向于反对的。不过民国进步女子在婚姻上都有一种追求人品、追求真爱的风气，最后包稚颐向父母表示，她要嫁给沙孟海。

于是，她成了沙孟海的夫人，也成为了沙孟海生活和艺术的终身伴侣。她后来为沙孟海生有两位子女：三女沙末之（1933年生）和四子沙匡世（1935年生）。

1929年7月，沙孟海去广州中山大学任预科国文教授，包稚颐则进入中山大学教育研究所进修。进修中，她在庄泽宣教授指导下，研究了6个省21个市县的小学生作文本，撰写了《小学生错字统计与分析》，在《教学研究》第27、28期上连载两期，还被南京中央大学艾伟教授的《教育心理学》所引用，从而知名于教育界。沙孟海则在这一年撰写了《捃古录释文订》，刊于中山大学语言历史研究所所长傅斯年创办的《语史周刊》第9集第102期上。傅斯年先生后任北京大学代理校长，是著名的历史学家、古典文学研究专家和教育家。

第四节

奠定学术基础

1930年，对沙孟海来讲，是他的学术基业被奠定的一年。因为这年，他的两篇奠基性学术大作，同时发表。

一篇是《近三百年的书学》，另一篇是《印学概论》，这两篇1928年写就的文稿，最终同时刊发在1930年出版的《东方杂志》第27卷上。

《东方杂志》，1904年3月11日由夏瑞方创办，商务印书馆发行，以"启导国民，联络东亚（创刊号发刊词）"为宗旨，是当时影响力最大的百科全景式老期刊，是中国杂志中"最努力者"，也是"创刊最早而又养积最久之刊物（商务印书馆总经理王云五语）"，梁启超、蔡元培、严复、鲁迅、陈独秀等著名思想家、作家都在该刊发表过文章。沙孟海在这样

沙孟海一生都在钻研书法理论

一份有分量的杂志上刊出学术文章，且一发就是两篇（除上述两篇文章，同时刊发的还有沙孟海另一篇文章《名、字、号》，正确讲应当是同时刊出三篇），当时引起的轰动可想而知。

《近三百年的书学》，共有 15000 余字，现在看来似乎只能算一篇文章，不能称为著作。但该文把明末到清代再到民国初这三百年的书法家进行梳理，明确竖起了"书学"的大旗，已有著作格局。笔者读此文后感到，此文大有唐代著名书法家和书法理论家孙过庭《书谱序》的风味。

该文所称的三百年，主要是清代书学盛昌的三百年。之所以选取清代书学来做研究，沙孟海是出于三个原因：

一是到了清代，可研究的书体和书法家众多，如明代产生的一批书法家董其昌、黄道周、倪元璐、王铎、傅山等，清代产生的一批书法家邓石如、朱彝尊、翁方纲、金农、郑燮（板桥）、伊秉绶、翁同龢、吴大澂、何绍基、赵之谦（即吴昌硕赠沙孟海诗中所称的赵撝叔）等，以及到民国时仍积极活动着的吴昌硕等，给沙孟海提供了足够量的研究视角。

二是清代嘉道以后，出土的碑志多了起来，形成了碑学研究的风气，也给书学开辟了新的创作路径和需要研究的问题。

三是清代科举时重书法，到了会试、殿试时还要以书法比高低。只是这个高低竟是比"乌光亮"的馆阁体。生于乾隆五十七年（1792 年）的龚自珍，他是杭州人。他考进士共考了六次。按照他的文章或说学问，考个前几名是没有问题的。但他的书法个性太强，不肯受方方正正的馆阁体约束，结果考官以其"楷法不中程""不列优等"为由，将龚自珍放到三甲第十九名，不得入翰林。龚自珍气愤不已，令家中的妻妾婢女全练"馆阁体"，不久他家中的女人们个个都能写出一手漂亮的"馆阁体"。于是龚自珍逢人就说：这就是"馆阁体"，它算什么书法，我家的女人、婢女学学就会，而且写得都很漂亮！

这种"馆阁体"，对书法创作是一种窒息，沙孟海要在竖起书学大旗时来批判它，为书学的发展清理出一条正确的道来。

因为上述三个原因，沙孟海对三百年来的书法家一一进行了研究，以自己的眼光，一一进行评判。

他先从三百年间的书家中挑出三十位书家，一一列表。再按照风格，把书家分为学"二王"的和不学"二王"的两大类。如董其昌就是学"二王"而来的。他的作品为清康熙帝所酷爱。王铎也是学"二王"的。不学"二王"的有黄道周，他看到王羲之的字，受自卫家，间接是学钟繇的，他便直接去学钟繇，最后书法与王铎不相上下。

沙孟海还特别提出了碑学，研究了学碑的书家。他将临碑帖的书家按方笔和圆笔进行分类。

之后他论隶书，论篆书，特别将颜体从楷书中分出专门论述，他的书学观念得以一一展现。

他认为，写书法要"又会团结，又会开张，又会镇重，又会跌宕"。

他要求，学书法要有自己的个性，不论临哪一家字，都有"我"的存在，以自己性情会古人神理的为高。

他以伊秉绶（字祖似，号墨卿，晚号默庵，清代书法家，福建汀州府宁化县人，乾隆五十四年进士，任过刑部主事、员外郎。他的书法超绝古格，在清末书法中放出异彩。其隶书尤放纵飘逸，自成高古博大气象，与邓石如并称大家）为

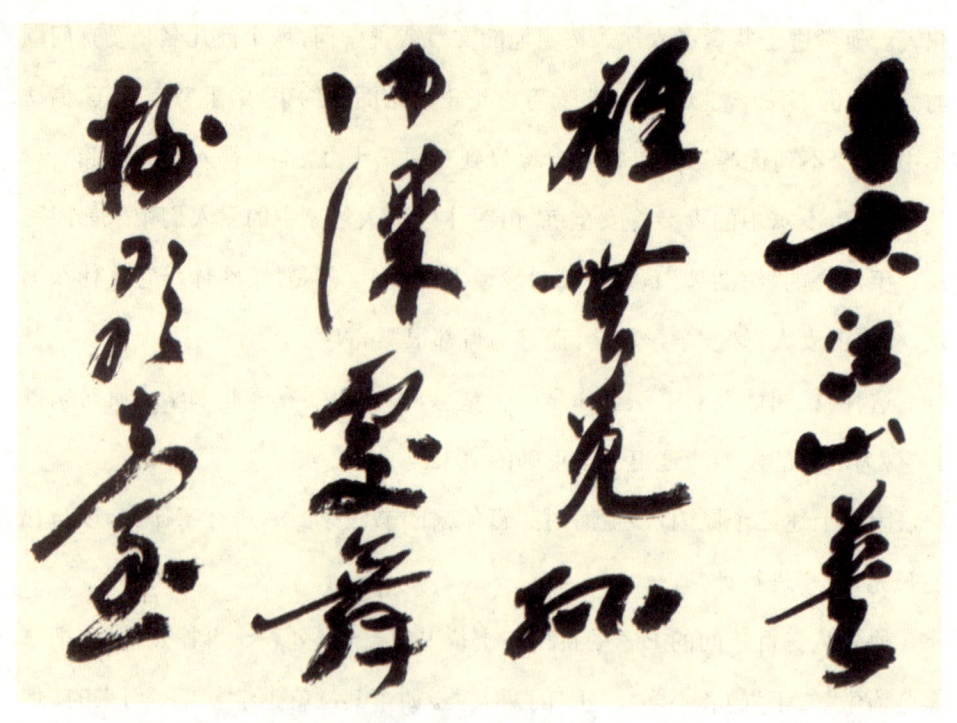

沙孟海书法作品

例提醒学书者："写字的条件多着哩。用笔用麟以外，还有结体、布白。布白有一个字以内的布白，有字与字之间的布白，还有整行乃至整幅的布白——这就是古人所谓'小九宫'、'大九宫'。别人家写隶字，务求匀整，一颗颗的活像算珠，这和'馆阁体'相差几何呢？伊秉绶对于这一层很讲究，你看他的作品，即使画有方格的，也依旧很错落。记得黄庭坚诗云：'谁知洛阳杨风子（杨凝式），下笔却到乌丝阑'，古人原都不肯死板板地就范的。"他在这里讲的用麟，是篆书的一种术语。书法上有"横麟竖勒"一说，"横麟"是指写横的时候，要进中有退，防止一滑而过，写出来的横要像鱼鳞一样一层压一层；"竖勒"，是写竖时候，快中有慢，如同勒马一般，放中加收，防止泄下。总的来说"横麟竖勒"意思就是书法要用笔慢，迟涩。

他举钱沣（乾隆三十六年进士，授翰林院检讨，历任国史馆纂修官、江南道御史、通政司副使、湘南学政、湖广道察御史、值军机等职）为例说写颜体字：

"他还有一件事比别人家来得好：寻常学颜字的，只知聚，不知散；只知含，不知拓。他可是能散能拓的了。刘熙载论草书有句绝妙的话儿——《艺概》中有一条说：古人草书，空白少而神远，空白多而神密，俗书反是。我以为用这句话来评颜字，再恰当没有了。颜字字形很宽廓，'空白'只管多，但其'神'自然很'密'，这也是颜真卿《笔法十二意》篇里说的'密谓疏'的意思，钱伴是最能体会这个'奥旨'的。"

他说："写字贵在能变，魏碑结体之妙，完全在于善变。我们试翻开任何种魏碑，把它里面相同的字拈出来一比较，几乎没一个姿态相同的，唐碑就不行了……唐以后的书法，只有颜真卿变化最多，最神奇；历来写颜字的，也只有个伊秉绶最解此意。"

他强调学书要"集成"："学书的，死守着一块碑，天天临写，只求类似，而不知变通，结果，不是漆工，便是泥匠，有什么价值呢？"他在文中提倡的书法表现技法有：要讲究字大字小的变化，错落有致；字要有骨、苍老、生辣；要讲聚和散、含与拓；要做到情思、技巧和个性的统一。

这样内涵深刻的关于书法学问的长文，看似是一篇文章，但从它的内涵上讲，说它是一部著作也不为过，这篇长文引起轰动也不为奇。

再看《印学概论》。

沙孟海治印，缘于父亲的教诲，后得吴昌硕的提点，兼学邓如石等大家，年纪轻轻，对篆刻就很有研究。写本文时，再从印史的角度切入，对印学进行学术性总结，既是手到擒来的事情，也是对自己篆刻学养的再提高。

他先简明地阐述了印学史上以实用为主的"创制时期"和以艺术欣赏为主的"游艺时期"两大阶段。

他把印章的风格归纳出"猛利"和"平和"两大派。他考证说"何震（明代）首创猛利一派，苏宣、梁裘等人都用他的方法，有所发展。真正以猛利为家的要推后世的吴俊卿、齐璜。大家承认吴俊卿、齐璜的作品气魄之大，'前无古人'，这里就不多说了。这是一个例子。'平和'一路则从明代汪关始,近代擅长细朱文篆刻的名家徐三庚、赵时等还在继承发扬。"

沙孟海这两篇长文的发表,无疑是他学术成熟的一个标志。换言之,沙孟海30岁时,已大器早成,少年成家了。1945年抗战胜利,中国现代史学的奠基人顾撷刚先生出了大作《当代中国史学》,其中这样评价道:"书法史的研究,著述极少……《东方杂志》二十七卷二号所载沙孟海先生的《近三百年的书学》,便算是较有系统作品了。"

1930年,沙孟海发表的很有分量的学术文章还有《隶草书的渊源及其变化》和《助词论》。前者发表在《语史周刊》第12集第126至128合期上,后者写成九章,从甲骨、金文中的助词开始考证,一直写到元代。书写成后只是油印、成册,分发好友提意见。这本书也在学术界产生重大影响。

沙孟海说自己少年时是"彷徨寻索",青年时是"转益多师",那么到30岁这年,随着两文发表,他当进入"自成一家"(笔者语)的阶段了。

第三章

江湖起伏

JIANGHUQIFU

本来沙孟海可以就这样在中山大学当教授、做学问做下去的，不料母亲来信，希望他能回归浙江，以便照料家庭。沙孟海接到母亲的来信，便在1930年暑期，携妻子回到杭州。这一回竟为沙孟海带来了二十多年的江湖起伏。

第一节

再入宦海

本来沙孟海可以就这样在中山大学当教授、做学问做下去的，不料母亲来信，希望他能回归浙江，以便照料家庭。

沙孟海接到母亲的来信，便在1930年暑期，揩妻子回到杭州。

工作不难找。当年8月，他到两浙盐运使周骏彦处参与《盐政史》的编纂工作，而夫人包稚颐则到杭州市政府教育科担任了科员。

1931年11月25日，朱家骅调任南京中央大学（后更名南京大学）任校长，是他把沙孟海带进了仕途。

朱家骅（1893年5月30日~1963年1月3日），字骝先，浙江省湖州府吴兴县（今湖州市吴兴区）人，中国近代教育家、科学家、政治家,中国近代地质学的奠基人,中国现代化的先驱。1911年他考入上海同济德文医学院学习,年轻时积极参加了辛亥革命。他到德国与美国留过学,曾是北京大学最年轻的教授,教授德语。朱家骅在国民党里属左派,与共产党人李大钊并肩战斗,共同反对过北洋政府。1927年,他被任命为广州中山大学的副校长,同年同月又接任命担任浙江省民政厅长。他身兼两职,以民政厅长为主,中山大学副校长一职他也兼着,时不时去视察一下。他与中山大学伍俶教授很熟悉。伍俶1896年出生,号叔傥,浙江温州(永嘉)人。他早年考入北京大学,受业于国学大师黄侃(季刚),力攻《文选》,兼擅骈文,毕业后就在中山大学任教。朱家骅走马上任南京中央大学时,写信给老乡伍俶,请他推荐一个秘书。伍俶回信告诉他,沙孟海回杭州了。得到这个消息,朱家骅马上邀请沙孟海到南京中央大学任秘书,而伍俶也来信劝沙孟海去南京,并称自己也要去南京中央大学就职。

　　沙孟海同意了,春节一过,就到了南京中央大学。他名义上是中央大学秘书,其实是朱家骅的秘书。在南京中央大学期间他与历史学家陈训慈、文学院院长汪东、中文系的黄侃、艺术科的徐悲鸿以及随后调来的伍俶等经常谈

时任南京中央大学校长的朱家骅

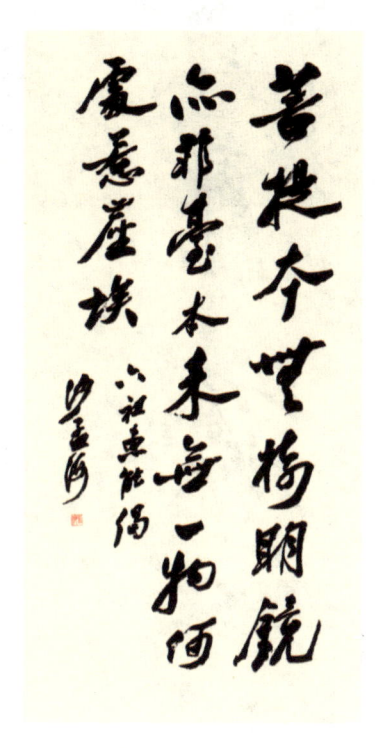

沙孟海书法作品

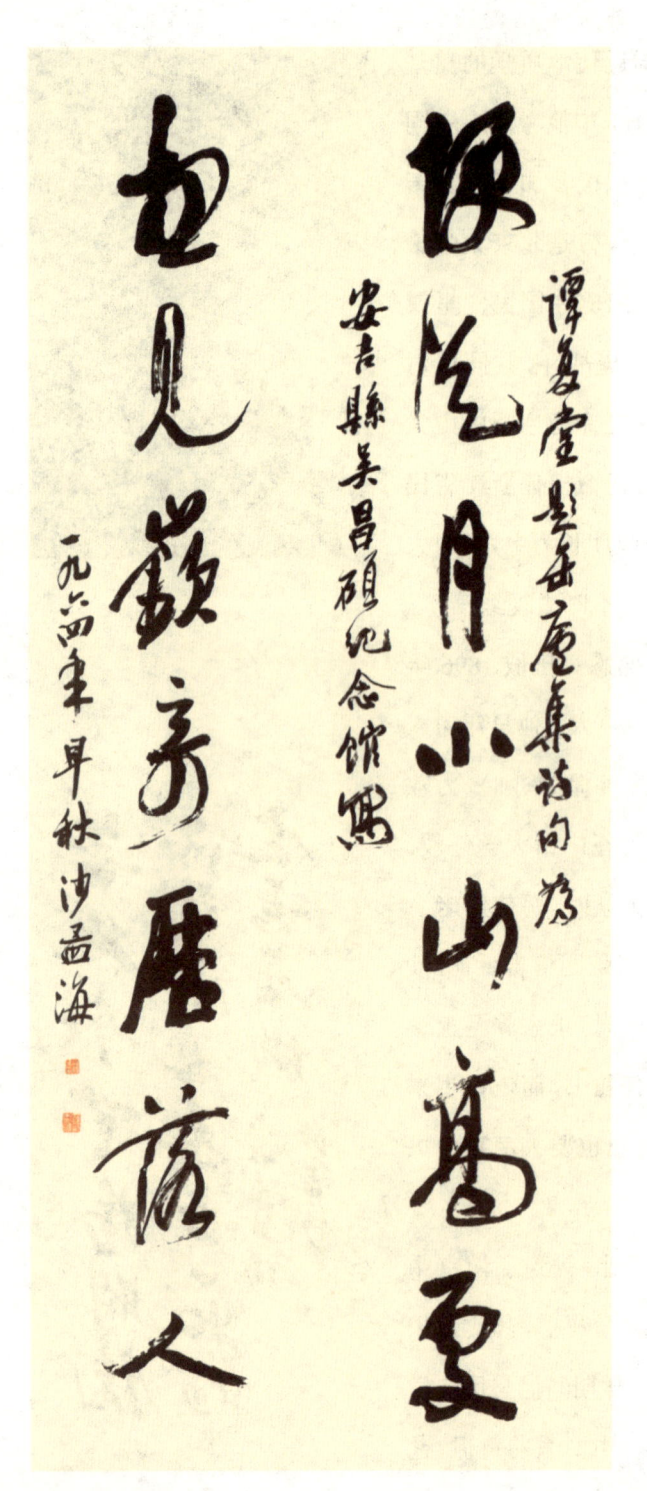

沙孟海书法作品

道论艺,日子过得十分惬意。

　　这一年,沙孟海的恩师冯君木在上海去世。沙孟海十分悲痛。冯君木生前喜欢蔡邕的金石文字,沙孟海深知老师的这个爱好,便以蔡邕集中所题褒的汉代师儒陈寔(字仲弓)与郭泰(誉为"有道")二人比拟恩师,作挽联沉痛哀悼:

陈仲弓文为德表,范为士则;
郭有道贞不绝俗,隐不违亲。

　　1932年,朱家骅任了教育部长,沙孟海即转为教育部秘书。这一年5月,身体十分虚弱的三弟沙文汉找到他,说从上海来,身体不好,要在南京养养病。他立即让三弟住进了自己的家。三弟身体好一些后,他就通过中央大学经济系原教授、刚出任安徽省教育厅(当时省会在安庆)厅长的叶元龙,把沙文汉安排进了省教育厅当科员。11月,三弟沙文汉与陈修良在上海结婚,1933年双双去了日本。这些,只是沙孟海看到的表面现象,他只知道三弟出国证件上用的名字是陈元阳,陈修良则用其姐姐陈维真在上海同德产科学校毕业文凭办的留学证,其背后的真实情况,沙孟海是后来才清楚的。

　　1933年1月朱家骅调交通部工作,沙孟海是他的秘书;1935年12月,朱家骅调至杭州,任浙江省政府主席,沙孟海也是他的秘书。1937年"七·七事变"后,国民党军与日军在上海又有了"八·一三"沪淞之战。同年11月5日,日军在浙江平湖金山卫登陆,蒋介石要求炸毁杭州的重要港口、桥梁、工厂等,但朱家骅不肯在杭州实行焦土抗战,于12月9日被撤职,撤退到了汉口,沙孟海也随他到了武汉;1938年9月他们再迁往重庆,朱家骅出任中央军事委员会参事室首任主任,沙孟海到中央庚款董事会任职(1936年时朱家骅为此会董事长,沙孟海也因此在此会挂干事职)。

第二节

救出四弟

在这段时间里，沙孟海故事迭出，第一个当数营救四弟沙文威并让他打入国民党机要部门的事。

前文已说到，1927年4月9日国民党在宁波动手时，沙文威正在组织示威游行，被国民党军包围。他逃出了包围圈，躲过了一劫。他从此便消失了，沙孟海久久没有了四弟的消息。

到了1931年，沙孟海突然听说四弟沙文威被关进了浙江国民党陆军监狱。原来当年逃脱国民党抓捕后，他改了个名字叫沙重叔，在宁波私立星萌小学谋到了份代课教师的工作。在当老师时，他又表现得十分优秀，遭到了别人的嫉妒，此人偶然知道他的真实身份后，在1931年5月向国民党当局举报。这样沙文威被捕。

得知四弟被捕的消息,沙孟海马上开始了营救行动。他请朱家骅出面说情。朱家骅二话没说,马上给浙江省政府主席张难先写了信,称沙文威年纪小,不是共产党,只是共青团,是误入歧途,请他帮忙放人。

看了朱家骅的信,浙江省主席张难先并不买账,仍不肯放人。这时,沙孟海想到了同乡陈布雷。

陈布雷与沙孟海是浙江同乡,又同为冯君木的弟子,在效实中学雅集时就有交往。

陈布雷原名训恩,字彦及。清光绪十六年（1890年）12月26日生于浙江慈溪官桥,大沙孟海整十岁。慈溪古称句章,因后汉有董黯者,事母至孝,常于溪中汲水奉母,人称董孝子,故改县名为慈溪。

陈布雷祖父陈克乔,为茶商。积一辈子的积蓄,晚年终于购置了一些田产。陈父依仁,子承父业仍然经营茶叶生意。陈布雷6岁时,由父亲启蒙,到堂兄陈训正（字屺怀）家与他一同读私塾。陈训正,长陈布雷18岁,清光绪二十八年（1902年）中了举人。他就是《商报》主编、后任浙江省杭州市长、冯君木拜托给沙孟海找份工作的人。

陈训正视陈布雷如亲弟,督课极严。陈布雷

与沙孟海同为冯君木弟子的陈布雷

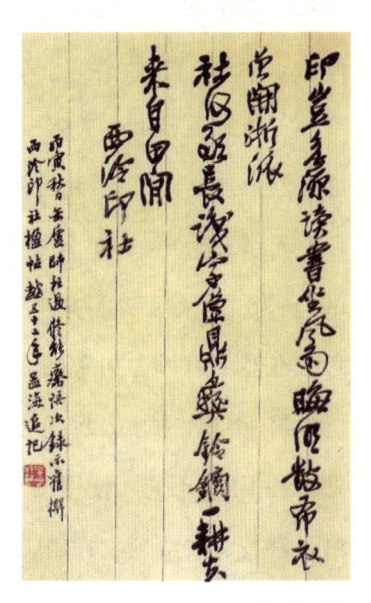

沙孟海手札

10岁时已读完《春秋》《左传》《书经》。13岁离家到三七市镇上的董氏学馆就读。馆主是董子咸、董子宜兄弟俩,他俩是慈溪有志改革之士,提倡新学。董氏兄弟与陈训正等人在上海经营出版事业,所以董氏书馆摆满各种新书和报刊。这些书刊,大长了陈布雷的心智。

光绪二十九年(1903年),陈父带着儿子陈布雷去慈溪县城应童子试。发榜后,参加应试的共151人,陈布雷名列第151名。父亲大怒:"花钱让你读书,竟然全县倒数第一,丢尽了陈家脸面!"回到家里,母亲也很不高兴。父母随后把他关在家里,不许出门,让他闭门思过。陈布雷闷在屋子里反省自己,心想,生为人子,不能为家族增光,却也不该给家人丢脸呀,这次真是对不起父母!从此后读书的勤奋劲更多了一倍。

县试过后,便是宁波府试。这次陈布雷主动请求前往一试。父亲此时已失望透顶,不肯再让他去丢人现眼。但在陈母的劝说下,陈父总算勉强同意,带他乘船到宁波参加府试。

府试共考五场,四书、史论、策问、时务、经义,陈布雷均名列前茅。尤其史论是陈布雷的拿手好戏,考了个第一名,时务则考了个第二名,最后总榜分布,排名第一!

考后主考官于府衙内室设宴,款待陈布雷等学子,以示嘉奖。父亲陈依仁这时脸上才乐开了花,带着陈布雷一路笑着回到了慈溪。

光绪三十年(1904年),陈布雷参加院试,录取为第五名,为慈溪生员。院试,是为了取得正式科举考试资格而先要参加的一种考试,是童试之一。各地考生在县或府里参加考试,由省里的提督学政主持,通过院试的童生都被称为"生员",俗称"秀才",算是有了"功名",进入了士大夫阶层。秀才有免除差徭、见知县不跪、不能随便用刑等特权。不过秀才也分三等,成绩最好的称"廪生",由公家按月发给粮食;其次称"增生",不供给粮食。"廪生"和"增生"是有一定名额限制的;三是"附生",即刚入学的附学生员。陈布雷考过府试的第二年即

1905年清廷就废除了科举制度,因此陈布雷为名副其实的末代秀才。

1904年,陈布雷进慈溪县中学堂(今慈湖中学)读书。当时冯君木在这个学校教书,担任国文教师。这样说来,陈布雷比沙孟海早十年成为冯君木的学生。

1912年,民国元年,陈布雷任教宁波效实中学,负责讲授英文及外国史课程。他还接受上海《申报》之聘,兼任译述记者;受宁波《四明日报》聘请,为撰述记者。在这段时间里,陈布雷每天上午在效实中学教书,下午去报社写短评一二则及随感录近千字。

1920年6月,陈布雷应商务印书馆之聘去上海编译《韦氏大字典》。不久,《商报》成立,总编是堂兄陈训正(屺怀),陈布雷受聘为编辑部主任,他遂以"布雷"笔名发表新闻评论。陈布雷的文章向以"敢言"著称,深受孙中山先生的赏识和肯定。中国共产党《向导》周刊也经常转载他写的《商报》社论。

1927年,南京国民政府成立,蒋介石极需要一位既才思敏捷、文笔犀利,又为人温和谦恭、毫无野心且忠心耿耿的家乡人来当幕僚长。经张静江、戴季陶、虞洽卿、陈训正等人的介绍,蒋介石任命陈布雷担任了国民党中央党部秘书处书记长。从此陈布雷成了蒋介石的

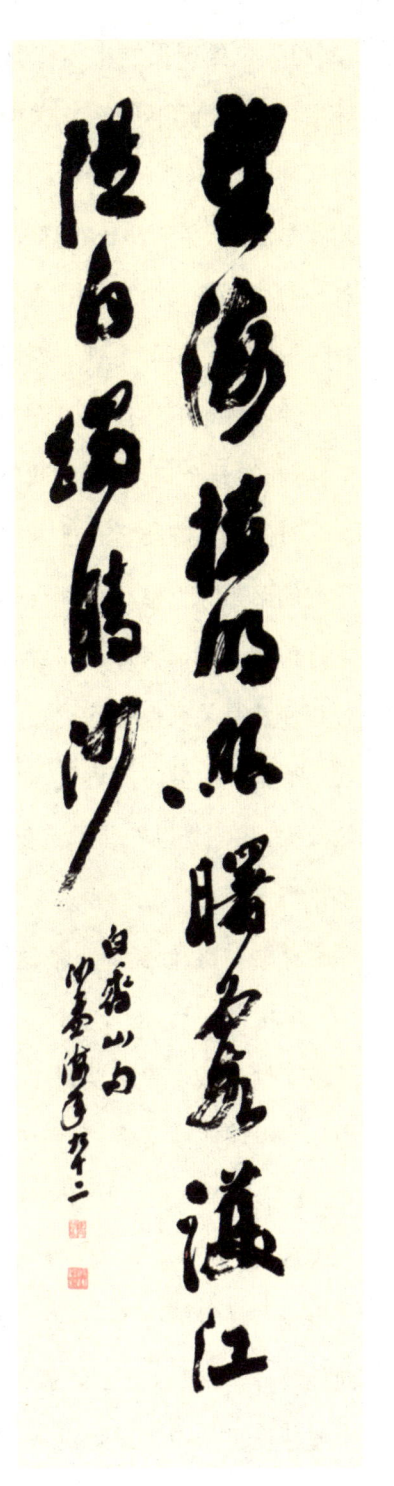

沙孟海书法作品

"文胆",位处国民党中枢,历任国民党中央宣传部副部长、委员长侍从室第二处主任、国民党中央常务执行委员等高级职务,如影随形般追随着蒋介石,深得信赖。陈布雷在蒋介石的幕僚中是很特别的——他不常穿中山装,更不穿西装和军服,只穿一件长布衫,裹着瘦骨嶙峋的身躯。不过蒋介石对他十分尊敬。蒋介石尊称下属为"先生"者仅陈布雷一人。蒋介石有事要召见陈布雷时,总是对侍卫官说:"请陈主任。"他还由宋美龄出面,为陈布雷每天订了一磅牛奶。

沙孟海相信凭他与陈布雷的老乡关系,陈布雷不会不救他弟弟。他也相信,陈布雷开个口,浙江省政府不会不听。

但他找了陈布雷几次,陈布雷却忙得连影子都见不着。这时,他便去找陈布雷的弟弟陈训慈。陈训慈 1901 年生,字叔谅,1924 年毕业于国立东南大学,先是担任上海商务印书馆编译所编译,后来就到中央大学史学系当了讲师,平时与沙孟海关系也很好。

听完了沙孟海的诉说,陈训慈肝胆相照地说:"你要见我哥哥,难呢!救人如救火,我们先以布雷的名义发电给浙江省政府,事后再给我哥打声招呼就行了!"

救弟心切,沙孟海只能这样做了。

电报发去后,浙江省政府让沙孟海去杭州办了一个"连坐取保"手续,然后就放了沙文威。事后要讨个人情,省政府主席张难先还给陈布雷打了个电话,说你来电叫放沙文威,我们已放了。这时陈训慈还没有把事情原委告诉陈布雷呢,陈布雷给弄了个丈二和尚摸不着头脑。他马上找到弟弟问情况。弟弟讲了前因后果,说不是没有跟你打招呼,而是实在找不到你。听弟弟这么一番说道,他也没有怪罪弟弟,只是说:"好嘛好嘛!"后来沙孟海闻说此事,马上赶来当面向他解释,并表示自己做事真的有些不周全。听罢他的解释,陈布雷也只是用宁波话说了一句:"没啥没啥,自家人嘛。"

四弟沙文威大难不死,出了国民党监狱。经过一段时间寻访,他还与党组织接上了关系。1933年2月,沙文威来到南京请大哥帮忙找个工作,沙孟海便通过关系把四弟安排进了首都电话局。这次沙文威是奉地下党之命伺机来做情报工作的。地下党认为,电话局与各路人士都有沟通,是个情报的富矿。在这里,沙文威得到了一个重要的情报,不过这个情报不是来自于电话局,而是来自于沙孟海。

沙孟海进行书法创作

这个情报就是蒋介石聘请的德国顾问围剿中央红军的"碉堡战术"的计划。

1933年,蒋介石准备对中央苏区和中央红军发动第五次围剿。在第五次围剿前,蒋介石聘请德国陆军国防军前总司令冯·赛克特一级上将来华做顾问。塞格特提出了对付红军的"碉堡战术",即各路蒋军"步步为营,节节推进,层层包围,步步进逼",其核心是"行军所至,立建碉堡",每天三里五里一推,十里八里一进,甚至一次只推进一二里,"进得一步,即守一步"。依靠建立稠密的碉堡体系,做到各堡相望,构成火力网络,互为依托。这样既可以防止红军袭击,又能阻止红军穿插溜走。通过这种看似防守实为稳步进攻的战术,达到最后扼死红军的目的。

中共的情报组织当时只是知道赛格特到了中国的消息,也知道他制订了一个很重要的战术,但具体内容是什么,谁也没有搞清楚。地下党就通知各下线想办法搞到这个情报。

赛格特带到中国的这个战术文本,是用德文写的。蒋介石就叫曾留学德国的朱家骅亲自翻译。朱家骅翻译好以后,叫沙孟海将文字再作润色。沙孟海就

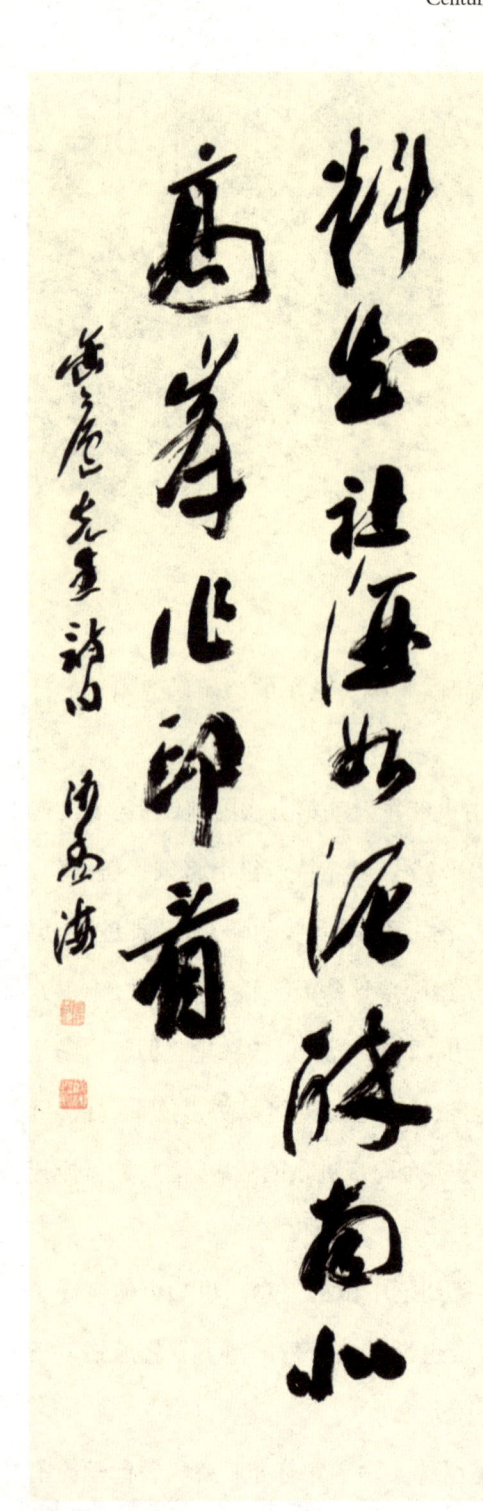

沙孟海书法作品

把这份翻译件带回了家,想晚上加班做。沙文威是与沙孟海住在一起的,当晚他看到了赛格特的这个战术翻译文本。这真是天下掉下的大"馅饼",他马上把这份文本的重要部分抄录了下来,把这个重要情报传给了中央红军。

抗日战争爆发后,1937年冬,国民政府从南京撤至武汉,蒋介石特令在军事委员会属下成立一个参事室,聘请各路诸侯中的军事将领出任参事,为最高统帅部出谋划策,蒋介石任命朱家骅出任参事室主任。沙文威听说了这件事,也知道沙孟海与朱家骅的关系,就请求大哥把他推荐到这个参事室工作。沙孟海有点犹豫,说:"朱家骅为救你出狱给浙江省张省长写过信,知道你是共产党。你有这个背景,他会同意你进国民党的机要部门吗?"沙文威说:"好多年了,他哪里能记得住那么多事呀!再说我现在的名字叫沙重叔。他问起来,你就说是你另一个弟弟好了。谁叫你的弟弟多得数不清呀!"这一番话,把沙孟海说得笑起来。

兄弟俩说着笑着就说定了,沙孟海第二天就把沙文威推荐给了朱家骅。参事室正在组建阶段,正需人手。朱家骅并没有多问,就任命沙文威为参事室干事。

朱家骅交给沙文威的第一项工作是买办公用品。沙文威认真核价,拒收回扣,买来了一批又便宜又结实又美观的文件柜和写字台及其他办公用品。这些用品到位后,主任秘书对他说,朱先生看了,很高兴,对你的工作很满意!这样,沙文威一下子就取得了朱家骅的信任。

朱家骅交给沙文威的第二项工作是分发文件。沙文威发现,参事室真是情报工作的金矿。国民党军委常有文件发来,由沙文威拆封并分发。后来沙文威干脆就搬到机关来住。到了晚上,整个机关就他与传达室的工友两个人。夜深人静之际,沙文威可以从容不迫地把他所需要的文件一一誊抄。这些情报,源源不断地到了我党我军隐蔽战线的卓越领导者和组织者周恩来和李克农手里。

1941年,沙文威随朱家骅进入国民党中统系统工作。

第三节

两份电文定时局

1931年9月18日,日本人在沈阳制造了"九·一八"事变,5个月间,东三省全部沦陷。1932年3月1日,日本扶植的伪满洲国正式成立。

1935年日本又策动"华北事变",企图华北五省自治。日本人的想法是,把中国的国土一块块分裂出去,让每块分裂出去的地区都成为日本的傀儡,最后达到全面控制中国的目的。华北五省自治,总得找一个有威望的人出面主持。日本人想到了吴佩孚,想请吴佩孚做"华北王"。

吴佩孚,字子玉,1874年4月22日生于山东蓬莱。他虽然最后以威猛军人的面目出现在世人面前,但却真正是文人出身。光绪二十二年(1896年),吴佩孚高中登州府(今山东省蓬莱市）丙申科第三名秀才。1901年2月，他考入北洋开平武备学堂步兵班。1906年，吴佩孚任北洋军第三镇曹锟部炮兵第三标第一营管带（营长）。曹锟是布贩子出身，不识多少大字，没有大本事，但他有了有文化的吴佩孚，就对这个人才十分器重，也十分倚重。每每酒喝多了，曹锟就会说："谁也别想蒙咱，老子有吴子玉！"吴佩孚后来还是第一位亮相美国《时代》杂志封面的中国人，被《时代》杂志称为"Biggest man in China"。

吴佩孚在北洋军阀中的威望很高

1916年袁世凯死后，北洋军阀分裂成直系（冯国璋）、奉系（张作霖）和皖系（段祺瑞），曹锟和吴佩孚在直系冯国璋麾下。冯国璋于1912年9月出任直隶都督兼民政厅长。二次革命（1913年7月，又称讨袁之役）爆发后，冯国璋任江淮宣抚使兼北洋军第二军军长南下镇压革命，于1913年9月2日攻占南京。12月16日冯国璋出任江苏都督，同年晋升陆军上将，后又授宣武上将。曹锟则于1914年任长江上游警备司令，吴佩孚是其手下最得力的干将。冯国璋病逝后，直系中曹锟和吴佩孚的声望很高。1922年4月，直系与奉系发生战争，直系胜。1923年，曹锟以五千银圆一票的价格收买国会议员590人，当选为中华民国大总统，世称"贿选总统"，吴佩孚以孚威上将军身

第二次直奉战争后，张作霖控制了中央政权

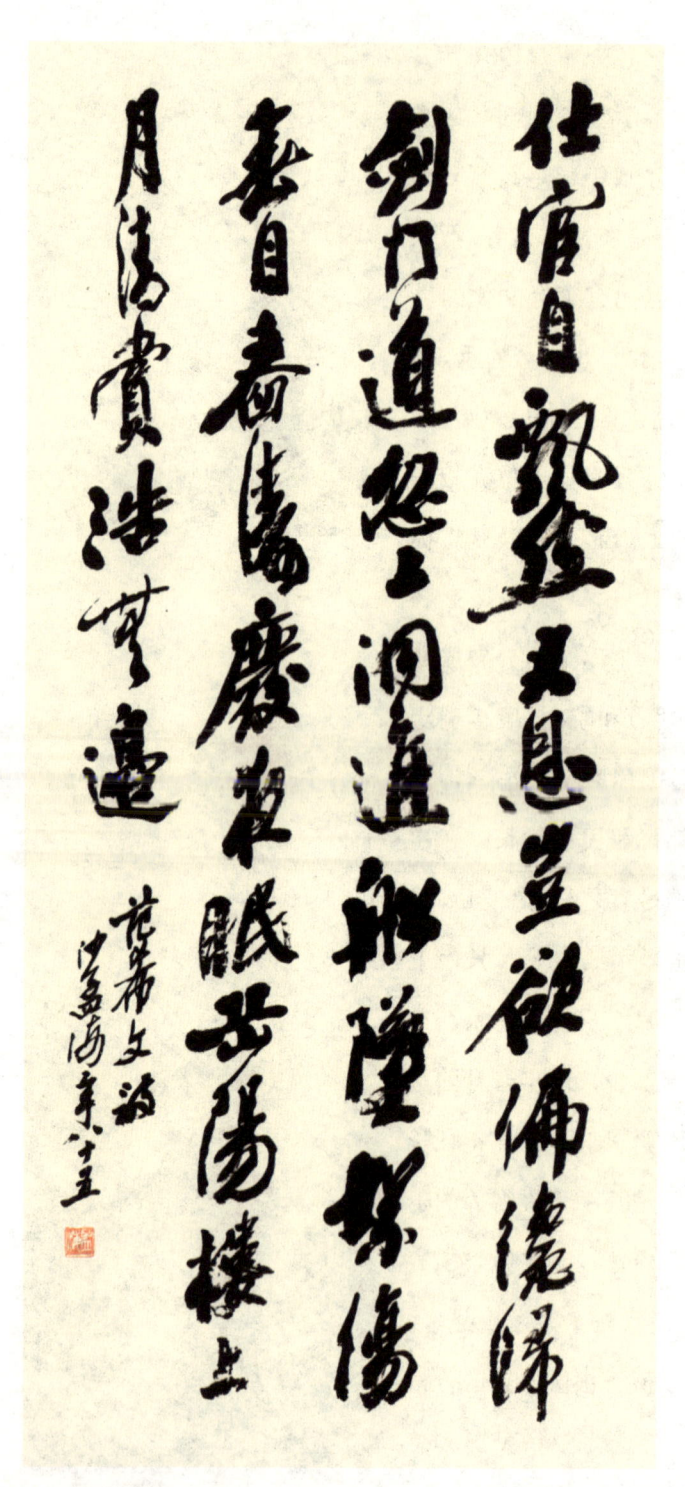

仕宿自凱歌王恩盡欲歸
劍門逾怨上洞遙船陸繁傷
春日畬塘慶东眠岳陽樓上
月清賽浩洋無邊

杜甫文詩
沙孟海年八十

沙孟海书法作品

份统领直系最精锐部队，驻扎在河南洛阳。

1924年10月，第二次直奉战争爆发，张作霖策动直系第三军总司令冯玉祥倒戈，取得胜利，奉军与冯玉祥军控制了中央政权。吴佩孚战败后到河南信阳的鸡公山隐居。眼看着奉系、冯玉祥掌控北平且势力不断扩张，其他军阀都坐不住了。江西督军方本仁首先出面，发起湖南、湖北、江西三省联防。此时吴佩孚抓住时机出山，鼓动湖南督军赵恒惕说："我们何不来个湖南、湖北、四川、贵州四省联防呢？一来可以对付北方张胡子，二来可以抵挡南方国民党！"赵恒惕觉得这主张不错，马上出面，很快组成"湘鄂川黔"四省联防，公推吴佩孚为盟主。之后豫、陕、晋三省也愿加入，遂成为七省联防。

知道吴佩孚在组织七省联防，浙江督军孙传芳也组织了苏、浙、闽、赣、皖五省联军，自任总司令。接着他将五省联军与七省联防合流，在1925年10月，推举吴佩孚在武汉出任十四省讨贼联军总司令。吴佩孚意气风发，向全国发表通电："再与天下群雄共角逐。"遂率军向北进攻。

这时冯玉祥又与奉军将领郭松龄、李景林签订了针对张作霖的"反奉密约"，这事又被张作霖知道了，他与张作霖的矛盾就激化起来。张作霖表面上不动声色，背地里与吴佩孚暗通款曲。1926年6月，吴佩孚与张作霖率军突然进入北平，把持了中央政权。冯玉祥则被迫出国考察欧美农业，放弃了军权。

同年7月6日，广东国民革命军誓师北伐。吴佩孚率军在湖北、河南与北伐军作战，连连失利。吴佩孚失利了，张作霖不但见死不救，还派兵占领直隶全境，阻止吴佩孚回北平。这样，在1927年，吴佩孚只好率领卫队，投奔四川军阀杨森。他在四川生活五年，1931年底回到北平（现在北京）。他受到张作霖的儿子、"世侄"张学良的盛大欢迎，从此就在北平住了下来。

当日本人开始搞起华北自治，请吴佩孚出山时，吴佩孚予以了拒绝。吴佩孚之所以拒绝，一是他本人还有民族气节，二是也有沙孟海替国民政府写出的两份电报在起作用。

1938年，日本军部特派川本芳太郎大佐专赴北平，敦促蛰居北平的吴佩孚出任北平绥靖军事委员会委员长这一伪政权职位。川本还是个很会来事的人。他到了吴帅府即拜吴佩孚为师，先做了一番感情铺垫。然后依照袁世凯"洪宪劝进"的做法（当时全国各团体甚至乞丐、妓女团体都来电来函劝袁世凯即帝位），让全国各地发来"拥吴出山""挽救大局"的电报。

1938年9月，朱家骅最先得到这个消息。他当时任国民党中执委秘书长兼中央党务委员会主任。他感到事关重大，如果吴佩孚出任华北的伪职，将给中国造成重大危机。

他在星期天的清晨紧急求见中国国民党总裁、军事委员会委员长蒋介石。蒋介石听完汇报，一脸阴沉，迟迟没有讲话。这时朱家骅开口献计："应对的办法倒有两条，一是让军统戴笠派出干员，将其解决。二是我出面，以中央执行委员会秘书长的名义给吴佩孚发一个电报，晓以大义，阻止他出山。我倾向于第二种方法。"听了他的话，蒋介石脸色好了一些。他微微点了点头："就照第二个办法办。"

朱家骅回到自己办公室后，马上找来了沙孟海，让他起草这篇电文。当天晚上，夜深人静，沙孟海将打了一天腹稿的才情，喷涌而出："中国自古有大义，失足便成千古恨……"此文为骈文体，他从"夷夏之辨"入手，晓以春秋大义，字里行间，古意浓浓，大义凛然，敦促吴佩孚以民族为重，切不可与虎谋皮，做出亲者痛仇者快的事。第二天一早他向朱家骅交稿，朱家骅看后对电文极其满意，当即令人将电文拍发给北平的国民党地下工作人员，由他们交吴佩孚的老友张芳岩，再由张芳岩面交吴佩孚。吴佩孚读着国民党中执委秘书长发来的电报，民族的气节不断上升。

这时川本又玩出一个花招。1939年1月30日，他把130多名中外记者召集到吴帅府，强迫吴佩孚召开一次记者招待会。他让吴佩孚在记者会上为"中日和议"和出任华北绥靖军事委员会委员长表态。他还对吴佩孚说："老师，建

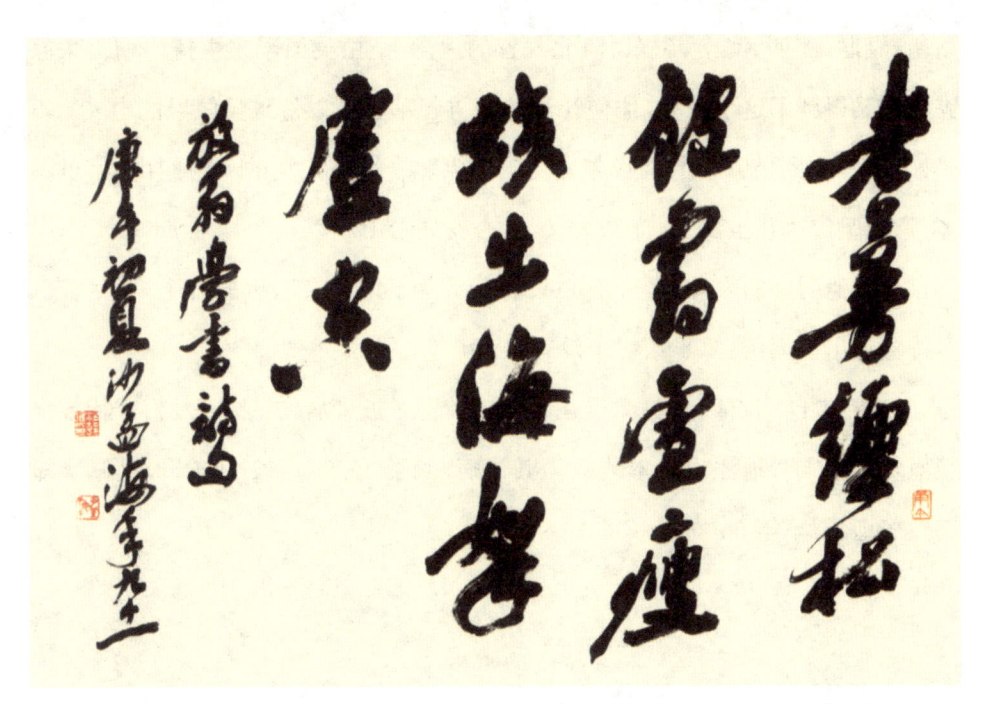

沙孟海书法作品

立华北绥靖军事委员会是日本帝国很重要的战略决策。老师如果不支持,学生我将在记者招待会上自杀,以谢天皇!"

记者招待会如期举行。吴佩孚先出示了自己亲笔所写长联:"得意时清白乃心,不怕死,不积金钱,饮酒赋诗,犹是书生本色;失败后倔强到底,不出洋,不入租界,灌园抱瓮,真个解甲归田。"一句"不出洋,不入租界""真个解甲归田"已表明了他不与日本人合作的明确态度。

接着,他明确地表示:"本人认为,今天要讲中日和平,唯有三个先决条件:一、日本无条件的全面撤兵。二、中华民国应保持领土和主权的完整。三、日本应以重庆的国民政府为全面议和的交涉对象。"此话说罢,吴佩孚拂袖而去。身后,川本嚷着要剖腹自杀,但看看没有人来理会他,他拔了一半的刀又放了回去。

当年12月18日,国民政府副总裁汪精卫公开投降了日本人。这样,日本人觉得机会又来了,便让汪精卫出面派人劝降吴佩孚,日本人甚至说,可以划出湖南、湖北、江西、河南、山东、河北六省的地盘,交由吴佩孚来主持一切。朱家骅当然又得到了这个情报,他便让沙孟海再起草了第二份致吴佩孚的电文。不久,朱家骅收到吴佩孚通过张芳岩交国民党北平地下人员的一封回电,字虽不多,意志坚定:"仆虽武人,亦知大义,此心安如泰山。"

有了他明确的表态,蒋介石心头的石头落了地。在以后的日子里,尽管日本特务计出多端,吴佩孚却终于没有"出山"。

1939年11月24日,吴佩孚在吃羊肉饺子时被骨屑伤了牙齿。日本特务土肥原贤二很友善地派出日本牙医为其治病,到了1939年12月4日,吴佩孚却突然病逝了,享年66岁。

第四节

五弟悲歌

四弟的事情处理好后,五弟沙文度(字季同)又出了问题。开始是思想问题。

五弟沙文度从上海劳动中学分校立达学园毕业后选择了去白鹅画社学画。看到五弟在艺术上有如此天分,沙孟海当然十分高兴,于1933年把五弟送进了刘海粟创办的上海美术专科学校就读。当时,与五弟同学的还有沙村来的族弟沙引年。1935年7月,二人毕业,沙孟海便将两个有志于美术的青年,介绍到南京中央大学艺术科当了旁听生,跟徐悲鸿先生学画。沙引年现在被大家知道的名字叫沙耆,他20世纪30年代创作的油画已拍卖到了一幅百万元以上。他因为跟上了徐悲鸿,便有了一段令人垂泪的传奇人生,现在,单说沙孟海五弟沙文度的事。

沙孟海的五弟沙文度在上海美术专科学校上学期间，结识了一个女同学叫王棣华。她美貌多情，画也画得好。沙文度很快爱上了她，她也对他一往情深。那段时间里，沙文度为她画素描、画肖像，王棣华学画之余，又爱上了钢琴，沙文度便常陪她去学钢琴。到毕业时，王棣华没有成为画家，却成为了钢琴家，而沙文度则继续在美术的道路上发展，做了徐悲鸿的弟子。

1938年初，王棣华与沙文度回到上海，宣布订婚。但他们的决定遭到了王棣华父母的反对，他们觉得两个家庭经济条件相差太大了。

王棣华的父亲是一个轮船公司的经理，家里很有钱。沙文度与哥哥沙孟海住一起，生活清苦，连房子都是租来的。而且沙家的兄弟，除了大哥沙孟海外，红色的名气一个比一个大，大到了吓人的地步。把女儿嫁给又穷又随时会出风险的人家，做父母的是不可能放心的。

沙文度来到王家求婚，父亲虽然不同意，但说话还是有风度的，措辞也是婉转的；但王母却明显在脸上摆出一副不屑的面容。沙文度是艺术家，艺术家的心又是多么的敏感，他很受伤。

回到若榴花屋的家中，沙文度感到自尊受到了极大的伤害。他辗转一夜未眠，第二天眼圈红红的。他对三哥沙文汉说："三哥，我觉得人活在这个世上真没有意思。我真的想去跳黄浦江！"

三哥沙文汉是共产党员，他1932与陈修良结婚后去了日本，为共产国际工作。1935年，沙文汉夫妻刚回到上海，也住在若榴花屋里。沙文汉有着坚定的革命意志。他对五弟一顿训斥："你还是男子汉吗？你说你也要成为革命者，要成为一个共产党员，但现在你的做法连个男子汉都不是。你自己钻进了爱情的圈圈里钻不出来，一个革命者能为个人的事而意志消沉吗？革命者做事要从大处着眼。你看日本人把东三省给侵占了，现在又盯上我们的华北了，我们青年人现在最应该考虑的是国家和民族。所以必要的时候应该是革命减去爱情，而

沙文度女友王棣华　　　　　　　　延安鲁迅艺术学院旧址

不是加上爱情！"

在三哥的开导下，沙文度的心情好一些了。他对三哥讲："你讲的东西，我听进去了。爱情的事，就放一放吧。现在日本人打进来了，我们要组织画界的人，组成宣传队，到前线去写生。"

1938年4月，五弟沙文度来到武汉，找到了大哥沙孟海与四哥沙文威，把自己要组织画家去前线写生的想法告诉了大哥。沙孟海觉得兵荒马乱的，身后没有一个组织支持你，就凭一腔热情哪里能成功？这个想法有些不切合实际。但他很支持弟弟的革命理想。他知道四弟沙文威是地下党，就与沙文威商量起五弟的事来。沙文威说："这事并不难。五弟要上前线吗？很好呀！我们共产党、八路军正缺他这样的人才呀！他可以去延安呀！"两个哥哥商量后，征求五弟的意见，他当即表示同意。这样，由四弟沙文威出面，把五弟沙文度介绍给了武汉八路军办事处上校处长周怡，再由中共长江局开具证明，化名陈正煦，去了延安的鲁迅艺术学院学习。

沙文度只身一人到了延安鲁迅艺术学院，不久就提出了到华北前线去的要求。他被分配到八路军120师政治部宣传部，随部队挺进敌后。1939年，他在火线上加入了共产党。

他兴致勃勃地给哥哥们写了信，告诉他入党的喜讯。他在信中说："我正随120师在敌后打游击，大家斗志昂扬，我们中华民族是很有希望的。"他在另一

水出絳山東寒泉奮涌揚波北注急懸流奔壑一十許丈青崖
若點黛素湍如委綀望之極為奇觀矣澮水
昔智伯之過晉水以灌晉陽其川上溯後人踵其遺跡蓄以為
沼二西際山枕水有唐叔虞祠水側有涼堂結飛梁于水上左
右雜樹交蔭布見曦景至有淫朋密友羈寓子莫不尋梁契集
用相娛慰于晉川之中寔為勝處也溮水
黑山在縣北白鹿山東清水所出也上承諸陂散泉積以成川
南流西南屈瀑布乘巖懸河注壑二十餘丈雷赴之殷震動山
谷左右石壁層深獸跡不交隍中散水霧合視不見廊南峯北
嶺多結禪棲之士東巖卤谷又是剎靈之圖竹柏之懷與神心
妙遠仁智之性共山水效深更為勝處也其水歷澗飛流清冷

封信中还报告说:"我们的战斗员都在积极研究'平原游击战术',打得敌人莫名其妙。"

在火热的革命斗争中,他真的减掉了自己的爱情。可是,这样一位优秀的有潜质的艺术家,却遭到了厄运。

沙文度遇上了延安的抢救运动。

1942年2月1日,毛泽东作了《整顿党的作风》的报告,延安整风运动由此开始。到了1943年,一方面在客观上确实有不少国民党特务渗入延安,另一方面,在4月间中央总学习委员会副主任康生突发奇想,在整风运动中搞起了抢救运动,提出了"整风——审干——肃反"的公式,这就造成了整风运动出现偏差。在抢救运动中,有15000人被打成了特务与奸细。

沙文度就是这15000人之一。从表面上看,他大哥沙孟海是国民党秘书长朱家骅的秘书,四哥沙文威是国民党中统特务,他不是重点审查对象又会是谁?

但沙文度是艺术家呀,艺术家有特殊的敏感气质。他十分想不通,精神开始失常。

他被押到关押重刑犯的地方关押。

巧了,这时八路军武汉办事处的周怡处长调回延安,担任了陕甘宁边区的保卫局局长。他当然知道沙文威的真实身份,也知道沙孟海实际上是个什么样的人,更主要的是,他还是介绍沙文度来延安的人。他马上下令释放沙文度。

1943年底,毛泽东纠正了整风运动中的失误,并向在"抢救运动"中受到伤害的同志表示赔礼道歉。

沙文度出狱后,精神失常。人们时常看到延河边徘徊着一个长头发的青年,个子很高,人很瘦,他在延河边走来走去,一直走进很深很深的夜幕中去。

1943年秋天,沙文度,又走进了很深很深的夜幕。他这次走进夜幕就再也没有出来。第二天,人们发现他溺死在延河之中,终年32岁。

沙孟海这下又失去了第二个弟弟。

这是时代的悲剧,也是革命成功的代价。

沙文度的女友王棣华,却还一直爱着他。她知道沙文度去了延安,也知道他入党和活跃在前线的情况。她一直幻想着,过一段时间,沙文度一定会来找她。那时,面对出息了的沙文度,父母就不会再反对他们的婚姻了。

就这样,她一等就等到了中华人民共和国成立。之后,王棣华在沈阳音乐学院担任钢琴系教授。她一直单身。琴房的钢琴上,摆着沙文度的照片。她感觉到,就像在上海艺术专科学校时那样,在弹琴的时候,沙文度就在边上陪着她,倾听她的琴声。

20世纪60年代,王棣华从沈阳到北京办事,在马路上看到了沙文威,以为是沙文度。她一下奔过去,抓住沙家老四的手喊:"文度,文度,你就是文度!"这时候,沙文威说:"我是文威,我弟弟沙文度已经不在了……"

王棣华僵立在了北京大街上,肩膀剧烈地抖动着,却哭不出声来。沙文威与她交换了地址,她默默地走了。

在20世纪80年代,快70岁的王棣华有过一段极短的婚史,但不久就离婚了,因为她心里只能装下沙文度一个人。之后她一直是单身。

第五节

宦海遨游

在动荡的年代，在琐碎的幕僚工作中，沙孟海还是挤出时间做学问。在这段时间里，即1931年到南京中央大学、教育部、交通部乃至1941年到蒋介石的侍从室之前，他写出了《也字说》《训诂广例》《许慎以前文字学流派考》《转注说》等诸多文章。

在一大群国民党工作人员中，唯独他没有混日子，还在做学问，这种做派引起了他的老乡陈布雷的注意。从朱家骅处得知，那两篇给吴佩孚电报的文稿，是沙孟海起草的，他更动了把沙孟海调到自己手下工作的念头。

陈布雷当时是国民党中央委员，任国民党中央政治会议副秘书长、中央宣传部副部长、蒋介石侍从室第二处主任。当时国民政府在陪都重庆。

6月的一天，在防空洞一同躲避空袭时，陈布雷对朱家骅说："骝先老弟，我想请我的同乡同门沙孟海到侍从室来帮忙，委员长也很重视他这个人才的。"陈布雷1890年生，朱家骅1893年生，陈布雷大朱家骅三岁，故可以称他为老弟。陈布雷又是蒋介石先生的"文胆"、最器重的人，还打出了蒋先生的旗号来要人，朱家骅不能不考虑他的请求。但他实在不愿意放弃沙孟海这个人才，他推托说："布雷兄呀，沙秘书本人是最不愿从政的，在我这里半从政他都很有微词。他本人的意愿是写写字，做做小学的。而且，你也不是不知道，他背景红着呢，很复杂的……"陈布雷呵呵一笑："你骝先老弟敢用他们兄弟，委员长又怎么会没有这样的气度？我的小女儿怜儿（陈琏）也是共产党，委员长也没有说什么嘛！国家正值用人之际，人才奇缺呀。文人嘛，像沙君这样才气横溢之人，有些清高也很正常，我以后多让他做与学问有关的工作就是了。请你回去告诉他，请他抽空先到我家来一趟，我们同学面谈叙旧。"

陈布雷这样一讲，朱家骅不好推托了。警报解除后他回到办公室，就对沙孟海说，陈布雷请他去一趟陈家，并告诉他陈布雷有意让他进侍从室工作。

沙孟海有些不想去。一是因为上次救四弟假冒陈布雷的名义，有些对不住人家，二是不太愿意在蒋介石手下工作。

蒋介石也是浙江宁波人，也算是沙孟海的老乡。此公的所作所为他也是知道一些的。

蒋介石原名瑞元，谱名周泰，学名志清、中正，字介石，1887年10月31日生于浙江省宁波府奉化县。蒋介石的父亲叫蒋肇聪，继承祖业，经营盐铺，1895年病逝，蒋介石当时才8岁。蒋介石由母亲王采玉抚养成人。他幼年入私塾，1903年入奉化凤麓学堂，两年后至宁波箭金学堂就读。1906年4月，他到了日本，入东京清华学校，结识了同盟会会员、浙江湖州人陈其美等人。陈其美比蒋介石大9岁，蒋介石便与他结为金兰兄弟，加入反清革命活动。年末蒋介石回

时任沪军都督的陈其美　　　　　　　　　　　　　蒋介石

国,1907年考入保定全国陆军速成学堂,学习炮兵。1908年春再赴日,进入东京振武学校。1910年冬毕业后,成为日本陆军第十三师团第十九联队士官候补生。

辛亥革命爆发后,蒋介石回到上海。1911年11月3日陈其美在上海发动起义,上海光复后被推举为沪军都督。陈其美即命蒋介石率先锋队百余人至杭州,参与攻克浙江巡抚衙门的战斗,是为"光复浙江之役"。之后蒋介石在陈其美部任沪军第五团团长。

1912年1月,受陈其美派遣,蒋介石组织人暗杀了光复会领袖陶成章。暗杀成功后,蒋介石到日本避风头,创办《军声》杂志。1913年,蒋介石回上海参加"二次革命",攻打过江南制造局。"二次革命",亦称讨袁(世凯)之役,起因是国民党代理理事长宋教仁于1913年3月20日在国会开会前夕被杀和袁世凯向英、法、德、日、俄五国银行团签订借款合约用以扩大北洋军队。国民党认为宋教仁是被时任临时大总统的袁世凯所暗杀,袁世凯向五国借款也是非法的。5月初,身为国民党员的江西都督李烈钧、广东都督胡汉民、安徽都督柏文蔚通电反对贷款,袁世凯看到电文后则宣布解除这三人的职务。1913年7月12日,被免职的李烈钧在孙中山指示下,于江西湖口召集旧部成立讨袁军总司令部,宣布江西独立,通电讨袁。当时江苏也宣布独立,推举江苏都督程德全为南军司令,但程弃职。随后安徽柏文蔚、上海陈其美、湖南谭延闿、福建许崇智和孙道仁、四川熊克武亦宣布独立。浙江朱瑞、云南蔡锷中立。7月18日，陈炯明响应孙中山号召，宣布"广东独立"。

之后讨袁军却连连失利，至1913年9月，北洋军打败了讨袁军，各地纷纷宣布取消独立，孙中山、黄兴、陈其美等被通缉，逃亡日本，"二次革命"宣告失败。1913年10月6日，国会选出袁世凯为第一任正式大总统。11月4日，袁世凯以"叛乱"罪名下令解散国民党，并驱逐国会内国民党籍议员。国民党议员在国会中占大多数，他们的退出，使得国会由于人数不足而无法运作，国会即被袁世凯解散。袁世凯从此成为寡头总统，并于数年后称帝。

1913年的"二次革命"失败后，蒋介石隐居在了上海。10月开始帮助孙中山筹建中华革命党。11月他再到日本与孙中山、陈其美等一同工作。1914年7月，孙中山在东京宣告中华革命党正式成立，蒋介石被派往上海、哈尔滨协助陈其美从事反袁世凯的革命活动。

1916年5月18日，陈其美遇刺身亡，年仅38岁。闻讯孙中山疾呼："失我长城！"可见陈其美在孙中山心目中的分量。蒋介石作为陈其美的得力干将，从此作用上升，进入了孙中山的法眼。孙中山这时命蒋介石去了山东潍县，出任中华革命军东北军参谋长。不久，袁世凯死了，中华革命军也就解散了。蒋介石又回到上海，与青帮头目黄金荣、杜月笙等人有了往来。

1917年7月2日，广东省省长朱庆澜与驻扎广东的滇军将领张开儒邀请孙中山到广州来组织国民党军政府。孙中山南下，到广州后号召国会中的国民党议员南下"护法"，召开国会，组成民国政府。1918年3月蒋介石到了广州，被任命为粤军总司令部作战科主任，半年后任粤军第二支队司令，驻守福建。1921年4月7日孙中山在广州组织国民党非常国会，召开两院联合会议，并当选为非常大总统。

1922年6月16日，粤军总司令陈炯明发动叛变。陈炯明是国民党员，曾是孙中山的亲密朋友。但他不同意孙中山北伐的主张，他主张联省自治，以和平

Sha Menghai 沙孟海

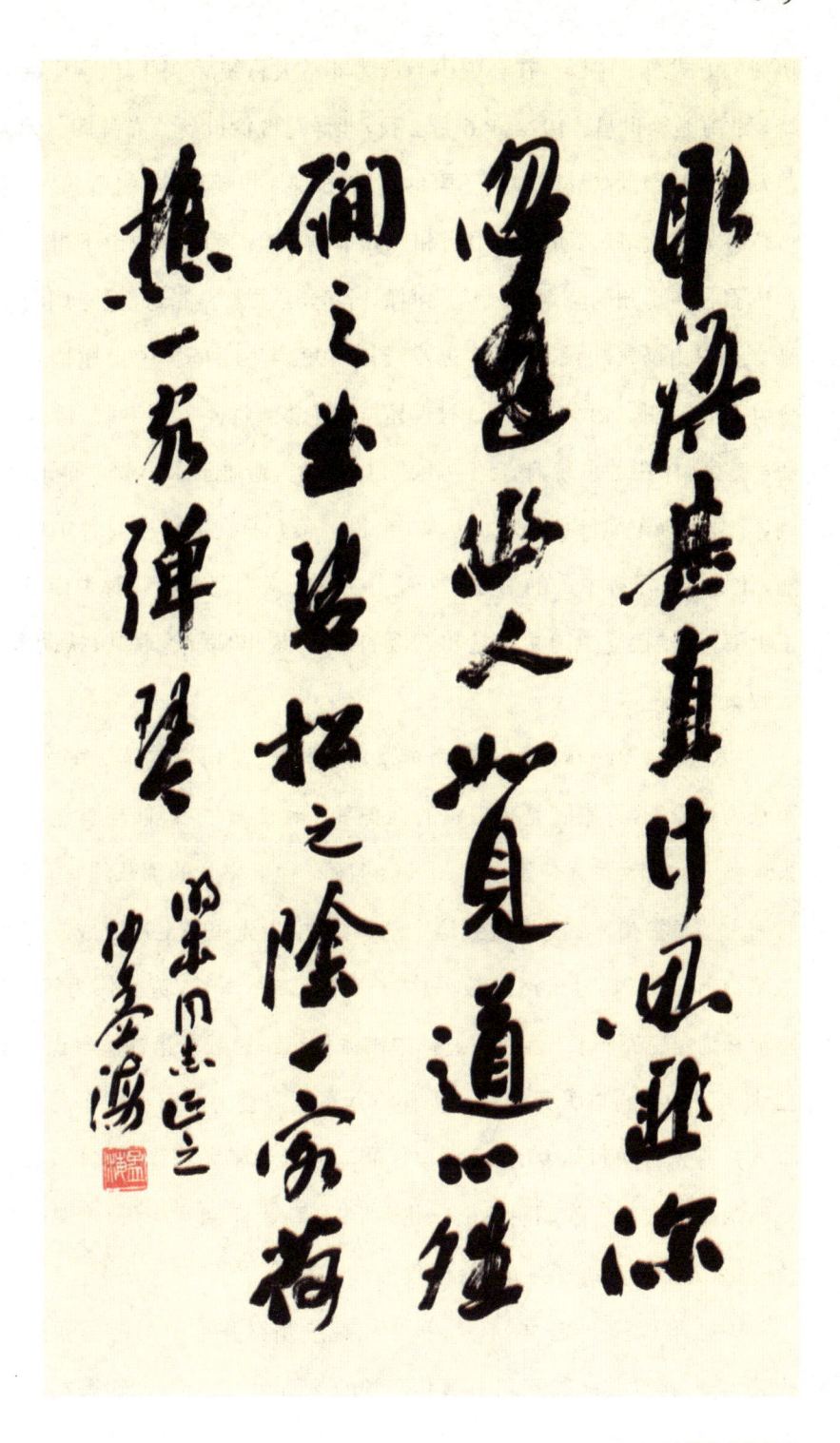

明月松间照,清泉石上流。竹喧归浣女,莲动下渔舟。随意春芳歇,王孙自可留。

梁门志正之 沙孟海

沙孟海书法作品

协商的方式统一中国。在孙中山当选为非常大总统后,中国出现了南北两个总统。北方是徐世昌。1922年6月2日,北洋总统徐世昌宣布辞职。因为孙中山曾发表过若徐世昌辞职他也下野的宣言,6月3日蔡元培、胡适、高一涵等两百多位各界名流,联名致电孙中山和广州非常国会,呼吁孙中山下野。孙中山三次电召住在惠州的陈炯明到广州面商对策,还派人去催驾,但陈炯明迟迟不肯来。孙中山怒气冲天,战友情再难维持,1922年3月,孙中山撤销其粤军总司令、广东省省长、内务总长职,只保留陆军总长一职。6月6日,陈炯明发动兵变,炮轰孙中山的总统府。孙中山逃出总统府,避难于永丰舰。闻讯,蒋介石赶到广州,上永丰舰侍护孙中山达40余日。蒋介石在危险中对孙中山的忠心追随,让他取得了孙中山的信任和器重。"六·一六"兵变之后,孙中山离开广州到了上海,开始接受中国共产党和苏俄的帮助,提出"联俄、联共、扶助农工"的三大政策。

"六·一六"兵变时,粤军有两个军,陈炯明为总司令兼第一军军长,第二军军长为许崇智,许崇智是孙中山的拥护者。兵变发生后,他与李烈钧、李福林、朱培德、梁鸿楷、黄大伟等在赣州开会拥孙。他们率领的部队约有万人之众,10月间占领了福州。在上海听到这个消息,孙中山先生马上决定成立东西两路讨贼军,任命许崇智为东路讨贼军总司令兼第二军军长,黄大伟为第一军军长,李福林为第三军军长,蒋介石被孙中山派任东路讨贼军第二军参谋长。1922年12月,孙中山再以大元帅名义委任广西军刘震寰为西路讨贼军总司令。1923年2月蒋介石回到孙中山身边,被任命为大元帅府大本营参谋长。这年2月,东西两路讨贼军将陈炯明逐出广州,孙中山从上海回到广州,重建陆海军大本营,以大元帅名义统率各军,总理政务。

1924年(民国十三年)1月,孙中山在广州召开了中国国民党第一次全国代表大会,接受共产国际和中国共产党的帮助,并欢迎李大钊等共产党员以个人身份加入中国国民党。5月,孙中山在广州黄埔长州岛创立陆军军官学校,即

黄埔军校旧址

黄埔军校，任命蒋介石为校长。

1924年（民国十三年）10月，奉系军阀张作霖和冯玉祥联手推翻以直系军阀曹锟为总统的政权，他们电邀孙中山北上共商国是。孙中山接受邀请，12月底扶病到达北平。1925年（民国十四年）3月12日，患肝癌的孙中山留下"革命尚未成功，同志仍须努力"的遗言而去世。这时，蒋介石的政治生涯面临着重大的危机。

当时中国分别处于三大军阀控制之下。作为中央政权的北洋政府控制在以张作霖为首的奉系军阀手中，总兵力约四十万；直系军阀吴佩孚占据着湖南、湖北、河南三省和河北、陕西，控制着京汉铁路，总兵力约二十万。皖系军阀孙传芳号称闽、浙、苏、皖、赣"五省联军"，占据长江中下游地区，总兵力也是二十万。

1925年7月1日，广州国民政府正式成立，由汪精卫任政府主席，胡汉民任外交部部长，许崇智任军事部长，廖仲恺任财政部长，聘任鲍罗廷为高等顾问。国民政府设立军事委员会，汪精卫兼任主席，蒋介石等8人为委员。军委会

沙孟海书法作品

下令，将各地方部队统一称作国民革命军，计划北伐，用武力统一中国。

国民革命军整编成 8 个军，共十万余人。由黄埔军校学生组成的黄埔军校军为第一军，军长蒋介石。将湘军第三混成旅和第六混成旅组成的"建国湘军"编为第二军，由湖南省长兼督军谭延闿为军长（他还是民国书法家，南京中山陵碑文"中国国民党葬总理孙先生于此"和南京"总统府"三字就是他的手笔，不过"总统府"三字也有人说是原考试院副院长、总统府资政周钟岳写的）。"建国滇军"改编为第三军，原建国滇军总司令朱培德任军长。"建国粤军"总司令为许崇智，为驱逐陈炯明迎孙中山回广东的功臣部队。许崇智当时在广东有功高盖主之势，蒋介石曾在他手下任粤军的参谋长。1925 年 8 月 20 日国民党中常委兼财政长廖仲恺被刺，在刺杀廖仲恺的凶手身上搜出"陈顺"名字的枪照，枪照是"十四年八月四日由建国军粤军南路第一司令梅光培发"。由此"廖案调查委员会"认为，此案是由胡汉民策划的，主要成员便是邹鲁、胡毅生、林直勉、朱卓文、许崇智等人，出面收买凶手的便是胡汉民的堂弟胡毅生及其死党朱卓文、梁鸿楷等人。有着中庸风度的许崇智，为表明自己并没有政治野心，不存在刺廖的动机，便离开广州去了上海，从此退出了政治和军事舞台。粤军这次编为第四军，由粤军第一师师长、黄埔军校教练部主任李济深任军长，叶挺独立团也在这个军中。福建军为第五军，由广州市市长兼警备处处长李福林任军长。1926年1月，改编湖南的"攻鄂军"为第六军，军长程潜。3月，改编广西军队为第七军，军长李宗仁。6月，湖南的唐生智参加革命，部队改编为第八军。初期国民革命军在军、师两级设党代表及政治部。国民革命军的总司令是蒋介石，李济深任总司令部参谋长，白崇禧任参谋次长、代理参谋长，邓演达任政治部主任，郭沫若任政治部副主任。

1926年7月9日，蒋中正就职国民革命军总司令并誓师北伐。

国民革命军的部署是，集中兵力，首先消灭吴佩孚军，然后歼灭孙传芳军，最后消灭张作霖军。接着，北伐军主力开始进入湖南、湖北。至1927年3月22日蒋介石随国民革命军第一军（军长何应钦）进入上海，3月24日第二军、第六军占领南京止，国民革命军已发展到百万之众，连战连捷，打败了直系军阀吴佩孚，重创了皖系军阀孙传芳。

1926年10月，北伐的国民革命军占领武汉三镇。为适应革命形势需求，国民党中央政治会议于11月8日做出原则决定，把中央党部和国民政府迁往武汉。同年12月5日，国民党中央正式宣布中央党部和政府停止在广州办公，各机关工作人员分批前往武汉。1927年2月21日，中央党部和国民政府在武汉正式办公，地点在南洋大楼。

1927年3月10日至17日，国民党二届三中全会在南洋大楼三楼大厅召开。会议改变独裁制度为集体领导制——重申党的权力机关为中央执行委员会，废除中央常务委员会主席（蒋介石担任）一职，实行常务委员集体领导。政治委员会也废除主席（代理主席为谭延闿）一职。选出的中常委9人：汪精卫、谭延闿、蒋介石、孙科、顾孟余、谭平山、陈公博、徐谦、吴玉章。这九人当然也是政治委员会委员。至此国民政府已无主席一职,过去国民政府发布命令都是由主席及部长署名,现在改为常务委员3人署名。

军事委员会也废除了主席一职,置于中执委之下。军委设主席团成员7人,其中3人必须是文官。一切决议或命令,须有主席团4人签名为有效。规定国民革命军总司令是军委会的委员。总政治部升格与总司令部并列,团长以上干部任命要经过军委会全体会议通过。

在上海方面,为迎接北伐军到来,共产党举行了上海工人第三次武装起义,领导人为后来的中华人民共和国开国总理周恩来。上海工人成立了纠察队,这是一支不属于国民党的武装。工人们还成立了上海特别市临时政府,实行对上海的管理。

无论是汪精卫的武汉政府,还是共产党在上海的作为,都让蒋介石不爽。蒋介石也制定了自己的方针:要弃俄清党,肃清国民党内的共产党;要掌握中国东部这片最富裕的地方,作为自己起家的地盘;要建立以自己为核心的政府,与汪精卫的武汉政府抗衡。

1927年4月12日前,蒋介石与外国领事馆沟通,取得了日本、美国等国支持。他与上海财团沟通,得到850万元的巨款。他还特派代表王柏龄(第一军副军长)、杨虎(总司令部的特务处长)和陈群(东路军前敌总指挥部政治部主任)进入上海,取得了上海三大帮会黄金荣、张啸林、杜月笙的支持。4月8日,蒋介石让吴稚晖、白崇禧、陈果夫等组织上海临时政治委员会,规定该会将以会议方式决定上海市一切军事、政治、财政之权,以取代上海工人的上海特别市临时政府。4月9日,蒋介石发布《战时戒严条例》,成立了淞沪戒严司令部,以白崇禧、周凤岐为正、副司令,严禁集会、罢工、游行。

4月11日,蒋介石发出"已克复的各省一致实行清党"的密令。4月12日凌晨,停泊在上海高昌庙的军舰上空升起了信号,早已做好准备的青洪帮打手,臂缠白布黑"工"字袖标,冒充工人,从租界内分头冲出,向闸北、南市、沪

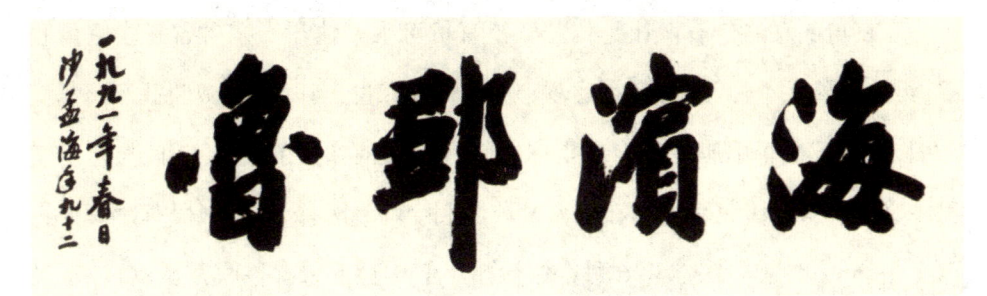

沙孟海书法作品

西、吴淞、浦东等14处工人纠察队驻地发动袭击。工人纠察队奋起抵抗。在双方混战中,国民革命军第26军开来,以调解"工人内讧"名义,收缴工人纠察队枪支,当时有300多名纠察队员被打死打伤。13日,上海20多万工人举行罢工和游行,到第26军第2师司令部请愿。当游行队伍冒雨行至宝山路时,军队开枪射击,杀死100多人,伤者无数。14日,军队继续捕杀共产党人和革命群众,查封革命进步机构与团体,如上海特别市临时政府、上海特别市党部、上海学生联合会等。据不完全统计,在事变的3天中,遭杀害者300多人,被拘捕者1000多人,流亡失踪者5000多人。中共上海区委领导人陈延年、赵世炎等都在此次政变不久后英勇牺牲。在此前,杭州与宁波国民党当局已率先动手清党,这在前面已有叙述。

4月16日,蒋介石在南昌主持召开中央政治委员会与军事委员会联席会议,推选谭延闿为政治委员会主席,蒋介石为军事委员会主席。17日,南京国民党中央政治会议决议复推选胡汉民为中央政治会议主席,增加蔡元培、何应钦、白崇禧等9人为政治会议委员。

4月18日,南京国民政府举行成立典礼。蔡元培代表国民党中央授印,表示政府是要受党领导的。胡汉民代表国民政府受印并请在武汉的汪精卫及谭延闿来南京就职。

接着,南京的国民政府宣布,武汉国民政府发布的命令,一律不予认可。汪精卫武汉国民政府所做出的对蒋介石权力予以限制的努力,付之东流。

南京与武汉的分裂,让孙传芳觉得有机可乘。他与山东省省长张宗昌联手,组成直鲁联军,开始对南京反攻。奉系张作霖也出兵河南,威胁武汉。武汉方面,国民革命军由唐生智为总指挥,抵挡住了进攻,并在6月1日,与忠于三民主义的冯玉祥国民军联军在河南郑州胜利会师。南京方面,国民革命军分三路出击,5月攻克安徽蚌埠,6月占领徐州。但7月下旬直鲁联军反攻过来,又夺回了徐州。蒋介石组织反攻没有成功,8月12日,他电呈国府,自请处分,发表下野宣言,辞去本兼各职,回乡扫墓。

　　1927年8月25日,在蒋介石辞职后,武汉国民政府迁到南京,并入南京的国民政府。1927年9月17日,国民党中央特别委员会第二次代表大会选出蒋介石任南京国民政府委员。蒋遂决定出国考察外交,并研习经济、政治、社会、哲学、军事。9月28日,蒋自上海东渡日本。10月,蒋在日本研究日本对华政策。11月,蒋与日本首相田中义一会谈。11月10日,蒋自日本返国。12月1日,蒋与宋美龄在上海结婚。

　　直鲁联军更加得势,开始进攻南京。但在南京龙潭,被国民革命军所败。到了冬天,何应钦指挥第一路军反攻,在12月夺回徐州,稳定了形势。

　　这时国民党准备召开二届四中全会。各方纷纷发电,希望蒋介石再度出任领导职务。这样,1927年12月3日至10日,国民党中央执行委员会在上海召开国民党二届四中全会预备会,会议在最后一天决定恢复蒋介石北伐军总司令的职务。1928年1月4日,蒋介石到任,继续领导北伐,史称"二次北伐"。

　　2月28日,中国国民党中央政治会议决议冯玉祥为北伐军第二集团军总司令,阎锡山为第三集团军总司令,统归蒋介石指挥。1928年4月7日,蒋介石在徐州誓师北伐。4月30日,北伐军对济南发起总攻。当天夜晚,张宗昌率残部弃城北逃,孙传芳在北平宣布下野,皖系军阀彻底灭亡。

　　接着北伐军兵锋直指最后一个军阀奉系的张作霖。同年6月4日,张作霖连夜撤离北平,退回山海关外他东北的老家。当张作霖的专列到达沈阳附近的皇姑屯时，被日本关东军埋下的炸药炸成重伤，不治身亡。

6月8日，北伐军开入北平。12月29日，张作霖的儿子张学良在东北通电易帜，宣布效忠南京中央政府。至此，中国至少在表面上政治统一，北伐也宣告成功。

这时蒋介石的威望达到了第一个高峰。他占领北平后，请求辞去国民革命军总司令的职务，国民党中央当然苦苦挽留。在10月10日蒋介石当选为国民政府主席，时年41岁。

1928年后到1937年"七·七事变"前，蒋介石一直在与各地军阀混战，一次次地围剿红军。日军则从"九·一八"事变开始，一步步地侵吞中国。

1937年7月7日，日军在北平卢沟桥附近举行军事演习，以寻找失踪士兵为由，要进宛平城。接着，日军袭击了宛平城，宛平中国守军予以坚决抗击，中国全面抗日战争由此爆发。

这一年，蒋介石整整五十岁。

接着国共合作，红军被编成了八路军和新四军加入抗战，蒋介石也领导国民党正规军在正面战场上苦苦抗击，真可以说没有一天好日子可过。1938年，他当选为国民党总裁。1939年，当选为国防最高委员会委员长，人们都改称他为"蒋委员长"或"委座"。

沙孟海对蒋介石发动"四·一二政变"，屠杀共产党人和工人，并在杭州和宁波及其他地方屠杀共产党人，态度是反对的。但对蒋介石坚决的抗日精神，也是认可的。在这种矛盾的心态下，他来到了蒋介石的"文胆"陈布雷的家里。

"孟海老弟，你好久不到我这里来走动走动了，是不是我有什么地方做得不到呀？"陈布雷上来就这么客气地说。

"没有没有。倒是我上次搭救我四弟的事做得不周全，很有点对不住布雷兄，所以不好意思来呀。加上布雷兄那么忙，我更是不能轻易来打扰了。"沙孟海这么说。陈布雷知道他讲的都是实话，就说："见外见外啦。你弟弟的事，我们

崖虎溪水

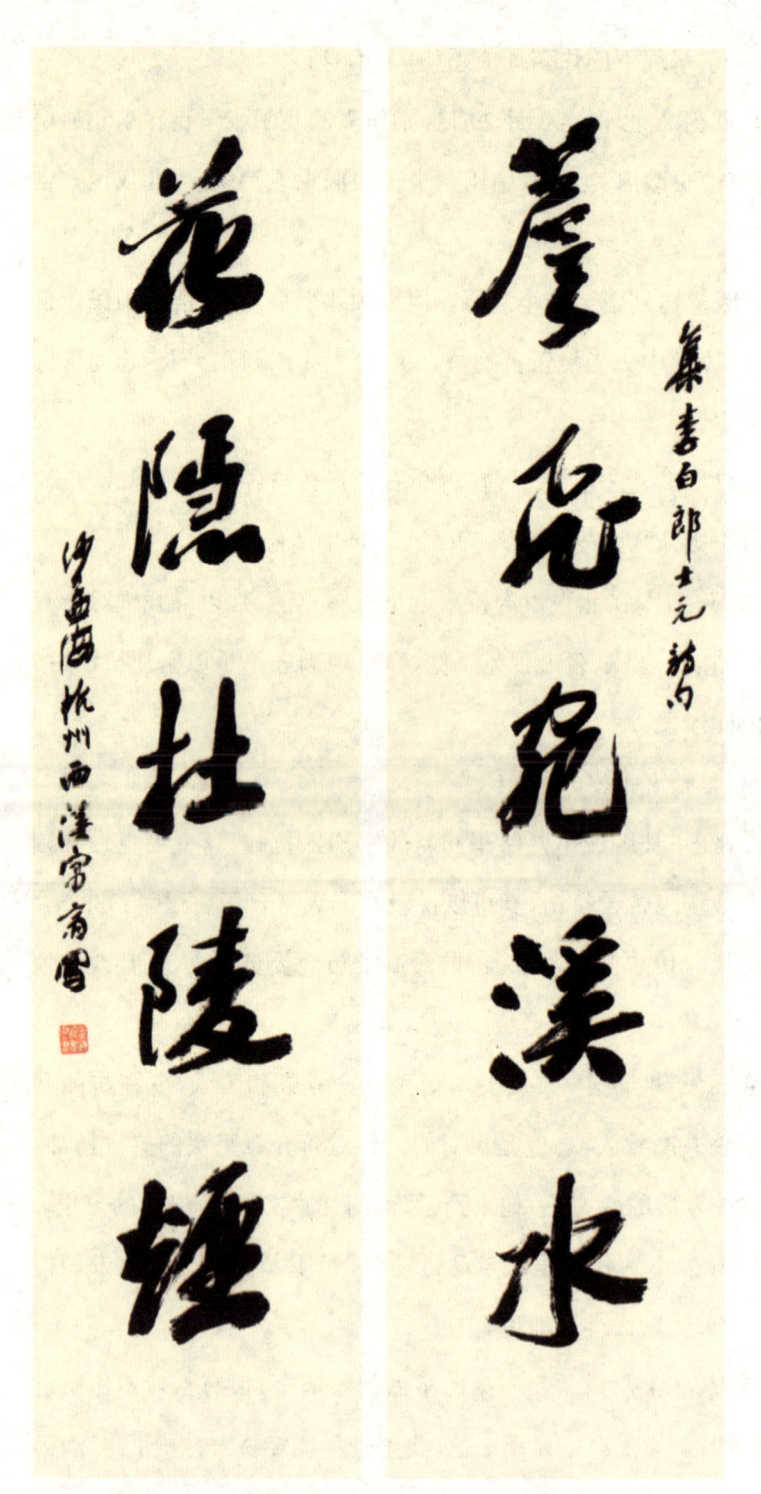

药隐杜陵烟

集书白郎士元诗句

沙孟海杭州西溪寓所书

是同乡,理应帮你一把的,不是什么事啦,过去啦！你我同饮甬江之水,又同受冯君木先生教诲,同窗手足,一件小事,不要介怀呀！"陈布雷这话也说得十分诚恳,让沙孟海很是感动。

陈布雷继续说道:"现在国事实在太忙,我急需一位真才实学之人。我想请孟海老弟来蒋委员长的侍从室工作,想仰仗老弟的能力,为我分担一些公务。不知老弟意下如何呀？"

沙孟海有些犹豫,推托说:"从政,我是一窍不通的,我只会教教书、写个字什么的。"

陈布雷淡淡一笑:"孟海老弟不必多虑,我请你来并非让你插足政治,只希望你能替我搞些文字工作,怎么样？在这核心之地,有一位不喜欢权力、不喜欢政治的学者,倒真是搞政治的人求之不得的呢。老弟,你就屈就一下吧！"

"布雷兄,你这里是机要重地,叫我这么一个人来,人家会说你闲话的,我想想还是不行！"

陈布雷知道沙孟海是说他弟弟是共产党的事。他笑笑说:"共产党家的兄弟亲戚在国民政府里做事的有的是。国民党人的子女亲戚在共产党里做事的也有的是。我最疼爱的小女儿怜儿干共产党了,我猜是跑延安去了。我不是比你还要'红'呀！但蒋委员长用人不疑,肚量是很大的。我把你的情况对他讲过的,他没有因这件事说不用你。这点你不要操心。相反,对你不关心政治他倒是挺高兴的。怎么样？就这么决定了吧。"

话说到这个份上,沙孟海只有点了头,陈布雷高兴得什么似的。他说,明天你就正式来上班,过两天我带你去见委员长。

从此之后,沙孟海每日半天时间到曾家岩军事委员会委员长侍从室第二处四组兼秘书,四组组长是陈芷町。半天时间在中英庚款董事会工作。

陈布雷给他的薪水是很丰厚的,但到底月俸是多少,没有材料记载。

第六节
修蒋氏家谱

　　蒋介石一直有个心结：第一，我蒋家的先人到底是谁？我的祖宗到底可以追溯到哪里？第二，我的母亲王采玉到底是哪里人（因有人自称是蒋介石的兄弟，从河南来，称蒋母是河南许昌人）蒋家原本祖上有家谱，1939年蒋介石的大公子蒋经国就任赣南行署专员时，就奉蒋介石之命，秘密派人到日本人占领的奉化溪口，把蒋家的旧谱拿了出来，并辗转送到了重庆蒋介石手中。蒋介石一有空就看他的家谱，但越看越糊涂，因为上述两个问题根本没有记载清楚。在中国，帝王家讲道统，文人讲传承，一般人家则是讲家世的，一个人成了名后就更想找找自己的根，也好为祖上扬扬名。1945年抗日战争胜利后，蒋介石在国内国际的威望都达到了最高点。1946年，国民政府还都南京，5月5日举行还都大典。在这一切忙定后，当年7月份，蒋介石把上述两个问题写给侍从室第二处四组组长陈芷町，让他解答。

陈芷町胸有成竹，因为他看到沙孟海刚发表了一篇论文《家谱通例》。他把蒋介石的条子给了沙孟海，请他回复。

蒋介石之母王采玉

这事当然难不倒沙孟海。因为《左传》《唐书·宰相世系表》和唐宪宗时宰相李吉甫命林宝修撰中国谱牒姓氏之学的专著《元和姓纂》，里面对蒋姓都有明确的记载。

《元和姓纂》上说，商纣王荒淫无道，周武王姬发便灭商建立了周朝。不久周武王去世，周成王姬诵继位。因成王年幼，由周武王的弟弟姬旦摄政辅佐。他因采邑在周，爵为上公，所以叫周公旦。他的第三子姬伯龄分封在蒋国（今河南省固始东北蒋集，一说今河南省光山县西），公元前617年，蒋国被楚国所灭，姬伯龄的后人就以蒋为了姓。蒋姓出自周天子的姬姓，周公的第三子蒋伯龄为蒋姓始祖，河南为蒋姓的最初发祥地。

对于蒋母王采玉，考证起来有点烦人。王采玉，原名彩玉，生于清同治二年（1863年），系浙江省嵊县葛竹村人。但他的父亲呢？她的祖父呢？是哪里人？是不是从河南搬迁过来的？对此，沙孟海动了一点脑子。他想，一个人成年以后的口音应当不会变。从这个常识出发，他来到了蒋介石的老家奉化，走访了当年几乎所有上了年纪的老人。结果大家通过回忆一致认为，奉化没有河南人迁来过，王采玉的祖父、父亲都是奉化人。

回来后，他把考证调查的结果报了上去，蒋介石大为高兴。第二天，蒋经国就代表父亲送来了聘书。蒋经国郑重地对沙孟海说："我奉家父之命,代表我父亲和我们溪口蒋氏宗族,正式邀请你负责纂修蒋氏新谱。"蒋经国当时常去的办公场所是励志社,他把励志社办公室的电话号码给了沙孟海,以方便沙孟海可以找他。

陈布雷知道此事后,对他说:"修谱乃百年大计,我力不胜任,有劳你了。这里有我刚刚写的跋,供你参考。"陈布雷这样写道:"三十四年夏,寇患犹炽,某日之夜,余侍蒋公于渝州郊外老鹰岩之别邸,明月照人。蒋公问余:'亦忆榭山(全祖望)先生有蒋紫金园庙碑之作乎?是我族之掌故也。'明日余检点此文以进,蒋公览之欣然色喜。抗战胜利,乃请吴稚晖先生书此碑,命公子经国精选苏州名手刻石以垂久远。三十五年夏刻为既成……"这段文字翻译成现代汉语是:"1934年夏时,日寇进逼气焰正很嚣张。有一天夜晚,我和蒋介石先生在重庆郊外老鹰岩的官邸,当晚风清月明。这时蒋公问我:'你最近有没有回忆全祖望(清代浙江学派重要代表人物)先生写蒋氏紫金园庙碑大作的事?那上面全写着我蒋氏一族的掌故呢。'第二天,我查出此大作送给蒋公,他看着,面露喜色。抗日战争胜利后,他请吴稚晖先生书写了此碑,并让公子蒋经国精心挑选苏州的名手刻了石碑以垂长久。到了民国三十五年夏碑已刻成……"这段文字,记录了蒋介石对家谱一事的看重。

接下来沙孟海开始为蒋介石或说溪口镇的蒋氏修家谱。他觉得最困难的事情是要找到已有的其他人的家谱,从中找到溪口蒋氏一族的来源。他的直觉是,蒋介石家族,至少在相当一段历史时期是没有出什么名人的。没有名人,家族的线索往往就会中断,家谱就难以修成。

他先去借阅收集各地的蒋氏家谱,寻找线索。找到线索后,到地方志里去考证。最后他发现,浙江宁海龙山一支蒋氏线索比较可靠,他借此考证了蒋氏的始祖和奉化、溪口的蒋氏始祖,写出了《先系考》一篇。此篇一出,呈蒋介石阅,蒋介石看后很高兴,陈布雷也连连说:"孟海,你这《先系考》查考得有根有

蒋氏父子翻阅重修的蒋氏宗谱

据,比我强多了。"

这样,蒋家的族谱就顺着这条线索修下去了。

蒋介石本人对这次修家谱十分重视,既会审看"要凡起例"、"分卷列目"、"人事布置",也对重要章节,尤其是对他的先系所出、溯源追远都要亲自审阅。最关键的时段,蒋介石每隔几天,有时是在白天,有时是在夜间,都会叫侍从武官打一个电话来,派来一辆汽车,把沙孟海接去,当面询问修谱情况,查看谱稿。

这蒋氏宗谱,一修就是两年。

沙孟海既弄清了蒋介石家族的来龙去脉,也弄清了蒋母的出身渊源。

沙孟海给蒋介石家族编的家谱叫《武岭蒋氏宗谱》。蒋介石的老家浙江奉化溪口镇,边上有武岭山,镇子的出入口在1929年前有个小庵堂。蒋介石的母亲笃信佛教,常到这里念经拜佛。1930年蒋介石将小庵堂改建为三间两层的武关式城门建筑。此城门据武岭山脊而建,称武岭门,为溪口镇的出入口。门额两面都镌"武岭"题字,正面为国民党元老、著名书法家于右任所写。背面是蒋介石亲笔手书。由此,溪口镇又有了"武岭"这一文化代称,所以溪口的蒋氏宗谱被很文化地称为《武岭蒋氏宗谱》。

《武岭蒋氏宗谱》里沙孟海理出的蒋介石家族的主线是:

蒋姓始祖为周公旦的三儿子姬伯龄,姬姓为周朝天子姓。分封在蒋国(今河南、光州、固始县),不少百姓便以国为姓。

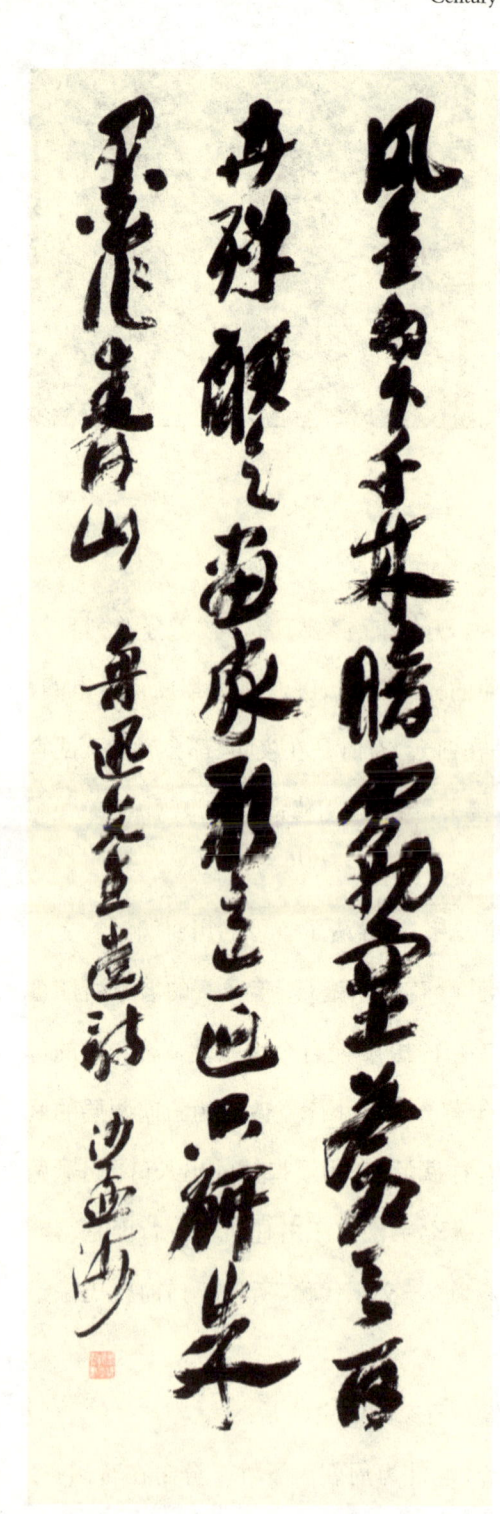

沙孟海书法作品

　　蒋伯龄公第二十三世（代）孙简轲，于公元前617年被楚宣王所灭。为记国难家仇，子孙仍以国名"蒋"为姓氏。因伯龄始封于蒋国，故以伯龄为蒋姓始祖。楚灭蒋国后，蒋姓子孙分散，迁居全国，其中一支迁到现在的西安东南方（今西安咸宁）一带。此地原来是一片高地，滈、沪两河流经此地，古为杜伯国，秦始皇时置杜县。汉代旧名"鸿固原"。西汉后期宣帝少时好游此地，他即帝位后，遂在此选择陵地，建造陵园，死后葬于此。现此地称为杜陵。

　　从蒋国被灭到西汉五百余年过去了。至西汉末，蒋氏一支在杜陵出了一位名人，就是蒋诩（公元前69年~公元前17年），字元卿。他的祖父蒋满，西汉宣帝刘询时出任上党郡太守。蒋诩父亲是蒋万，曾任弘农太守。到蒋诩时，他曾官至兖州（今山东兖州市）刺史。他十分廉洁正直，在王莽执政后，告病返乡，终生不出。东汉经学家、并州（今太原市）刺史赵岐在《三辅决录》卷一中记载："蒋诩归乡里，荆棘塞门。舍中有三径,不出,唯求仲、羊仲从之游。"这段话翻译成现代汉语是,蒋诩回乡后,因为闭门不出,荆棘把门都堵上了。他从屋前开出三条小道,只为当时的高士求仲、羊仲来时能进门。此后人们便以"三径"代指隐士所居。东晋大诗人、辞赋家陶渊明在《归去来兮辞》中有"三径就荒,松菊犹存"的诗句。

由蒋诩起算,蒋诩四世孙蒋横为东汉光武帝时大将军,五世孙蒋澄(少明公)东汉光武帝时官封"亭侯",封地在今宜兴,这样他家从杜陵迁至阳羡(宜兴)。

到了晋代,再由蒋澄开算到了他的八世孙,也就是蒋诩的十三世孙蒋枢(字伯机),已是吴郡(今苏州)太守。他把家安在了浙江台州。再从他算,他的第二十世孙也就是蒋诩的三十三世孙叫蒋显,官至唐代四明监盐官。四明,是山名,在宁波西南,也是明州的代称。唐设明州,即今天的宁波。他家就住在了宁波。

沙孟海的考证是,蒋显的儿子蒋光(延恭公)五代时避乱于明州(今宁波)城南采莲桥蒋家带。至二世蒋宗霸(字必大)始迁奉化三岭村,成为奉化蒋氏始

蒋氏宗祠

祖。他传至十三世到了蒋仕杰,才由奉化城北的三岭迁至奉化武岭,即当今溪口镇。

这时,蒋光又成了奉化蒋氏的第一代,蒋介石为他二十八世孙,蒋显的第二十九代孙。

蒋光,字延恭,历史上并没有多少记载。他的大儿叫宗祥,也不出名;小儿叫宗霸,字必大,则是五代时期后梁很传奇的一个人。他曾任明州评事,罢官后,寓居奉化应家山,皈依了佛门。该村距岳林寺仅三公里,寺里住着后来历史上很有名的布袋和尚。他到岳林寺进香后,见到布袋和尚,见其出语睿智,举止不凡,遂拜他为师。他跟着布袋和尚云游过三年,"布袋和尚教念摩诃般若波罗蜜多为日课,世因呼宗霸为摩诃居士(《蒋氏宗谱》)。"布袋和尚正是奉化人,他圆寂后被中国民间崇奉为弥勒佛化身。到了宋代,以他为原型,定型出中国化的大肚弥勒形象。蒋宗霸在布袋和尚圆寂后则结庵于小盘山,静修"摩诃般若经",成为鄞县天童小盘山弥陀寺的开山祖师。

宗霸出家前有一子,其孙蒋浚明在北宋神宗时曾官拜大理评事,迁尚书员外郎,赠金紫光禄大夫,家业显赫,今天宁波蒋家祠堂内,祖宗牌位即从蒋浚明供起。

自蒋浚明的后人蒋仕杰起,溪口蒋族没有人为官。原因之一是外族入侵,灭了宋朝。这里的人不愿为外族人当官。

蒋介石的曾祖父蒋祁增为蒋光二十四世孙,字怀盛,务农,生有三子,名:斯生、斯水、斯千。

蒋介石的祖父斯千(1814年~1894年),字玉表。他始改旧业,开始经商,在溪口街上开了家"玉泰盐铺",店内挂"官盐"招牌,经营"官盐专卖",兼营酒、米、菜饼及石灰等。他生有两个儿子,取名世昭、肃庵,因其兄斯水无子,将长子世昭过继了过去;肃庵留在身边,即蒋介石父亲。1851年太平天国起义,在1862年前后,太平军一度攻克宁波府属各县。受战争影响,溪口商业一蹶不振,

沙孟海题写的蒋氏故居牌匾

玉泰盐铺也停了业。局势的安定后,他自知精力已不足,就把店铺交给了儿子肇聪经营。

　　蒋父肇聪,字肃庵,小名明火。他长大后接手"玉泰盐铺",生意做得十分红火,家道进而为小康,成溪口镇上"十甲户"之一。除盐铺外,尚有田地30余亩。蒋肇聪原配徐氏,生一子一女,子名周康,字锡侯,号介卿。因大伯蒋斯生有子无孙,便以锡侯继承;女瑞春。徐氏早亡,蒋肇聪继娶孙氏为继室,孙氏无生育,两年后也病故。孙氏故后,蒋肇聪又娶王采玉。王氏生二男二女,大儿子谱名周泰,乳名瑞元,学名志清,又名中正,字介石,也就是蒋介石。蒋介石生下后,母亲没奶,镇上蒋肇性的妻子单氏便来给他做奶妈。蒋家很有感恩之心,每逢过年总会给蒋肇性家送礼金以表不忘哺乳之恩。单氏去世后,蒋介石亲自为她题了墓碑。王采玉生的女儿名字叫瑞莲和瑞菊,瑞菊三岁即夭;再生小儿子瑞青,六岁即夭。蒋父肇聪在光绪二十一年(1895年)去世,时年蒋介石仅8岁。蒋母王采玉1921年病逝。

　　关于蒋介石母亲王采玉的身世,沙孟海了解得也很清晰:

蒋介石的母亲王采玉,是与奉化毗邻的嵊县葛竹人。浙江奉化王氏始祖王敬钯,唐天佑年间(公元 904~907 年)任明州刺史,致仕(即退休)后隐居奉化连山乡万竹(今属奉化大堰镇),其五世孙王爽迁居葛竹,他被奉为葛竹始迁祖。

王采玉家就在村南,叫"上三房",是个多家共住的三合院。

王采玉的祖父在清代授过一个迪功郎,是个从九品的官职。他生了两个儿子,长子叫王有则,虽好读书,但科考却不行,没有得到功名。

王有则生于清嘉庆二十五年(1820 年)庚辰五月初七日午时,卒于清光绪八年(1882 年)壬午四月十二日,享年 62 岁。他曾以贩卖土产为业,后来在皖南、浙西召集流亡人口,开垦战乱弃留的荒地而致富,晚年回到家乡葛竹村。他先娶妻姚氏,生有三个儿子。大姚氏不久病逝,他再续弦,也姓姚。小姚氏为他生下一女两男,女儿居长,就是王采玉。

王采玉是很能干的,也很坚强。父亲王有则去世时,她才 19 岁。这时她担起了家庭的重担,以针线活补贴家用。

王采玉也是命苦的。她最初嫁给了跸驻乡曹家田村的竺某(有说俞某),第二年生了一个儿子却早早夭折了。到了秋天,曹家田发生霍乱,竺某也得此疫而去世。年纪轻轻就丧夫丧子,娘家经济情况也不好,王采玉看到老家葛竹附近有一个金竹庵,便有了出家的念头。庙中有一位老尼去世,王采玉便去帮助料理后事。后事办完后,她便向庵里的首事提出要出家进庵的请求。首事也同意了。她进了庵,每日素菜淡饭,带发修行。

这时,蒋介石的父亲蒋肇聪继室孙氏正好去世,王采玉有个堂兄在蒋肇聪的玉泰盐铺里掌管店务与账目,很受蒋肇聪的重用。出于报恩,也出于对堂妹的怜悯,他出面为双方说合。这样,在光绪十二年(1886 年)六月,23 岁的带发尼姑王采玉来到溪口街上,嫁给了蒋肇聪。当时蒋肇聪长王采玉 22 岁。老夫少妻,两人恩爱是可以想见的。第二年即生了长子蒋介石。再三年,生长女蒋瑞莲。又三年生次女蒋瑞菊(夭亡),再后生次子蒋瑞青(夭亡)。

好日子并不长,不到十年,在光绪十二年(1894年)溪口当地又发生疫情,蒋肇聪染病去世,王采玉又成了寡妇,而且是带着孩子的寡妇。蒋介石当年才8岁,妹妹才5岁。

治家理店、抚儿育女的重担全部落到她的肩上。蒋介石小时候很顽皮,她就把他送回娘家葛竹村,特聘嵊县老进士姚宗元来王氏宗祠设塾,为他授课。在清光绪二十七年(1901年),蒋介石14岁时,还为他操办了婚事,娶了世交毛鼎和的二女儿毛福梅,当年毛福梅19岁,大蒋介石5岁。结婚后,王采玉还把新媳妇送到县城的新式女校就读,让她学文化,以便她相夫立业。在蒋介石19岁时(1906年),清政府在对外战争中连连战败,丧权赔款,便加大了田赋。清政府规定,各地一些无主的田也要交田赋,这些田赋由当地富户和中户分担。蒋介石家也是被摊赋的人家。一些富户与负责土地丈量、征粮造册的庄书勾结,欺负蒋家没有男人,对蒋家特别苛征。王采玉不服,这些人就报告给官府,官府竟然把蒋介石扣押去作了人质。王采玉只好去交钱才赎回了蒋介石。这件事,在蒋介石心中埋下了仇恨清政府的种子。在母亲的支持下,当年6月,他剪掉了辫子,东渡日本求学,结识了同盟会员陈其美,开始了反清革命的生涯。

1909年夏天王采玉带着毛福梅来到上海,找到蒋介石。在她的劝说下,蒋介石与毛福梅同了房,毛梅福也怀上了蒋介石的儿子。做完了这件对蒋家来讲具有十分重要意义的事,王采玉和毛福梅都心满意足了,二人回了溪口。第二年即1910年的农历三月十八日,毛福梅诞下了一个男婴,这便是蒋经国。事实证明,蒋经国的诞生,不但对蒋家具有重大意义,而且后来对国民党及台湾的发展,也具有重大意义。

做完了这件具有重大意义的事,婆媳二人在溪口相伴为生。

1921年6月14日,蒋母王采玉与世长辞。

1939年12月12日,毛福梅不幸被日军飞机的炸弹炸死……

两年来的修谱工作,使沙孟海与蒋氏父子间的关系不断密切。修谱过程

一日千載

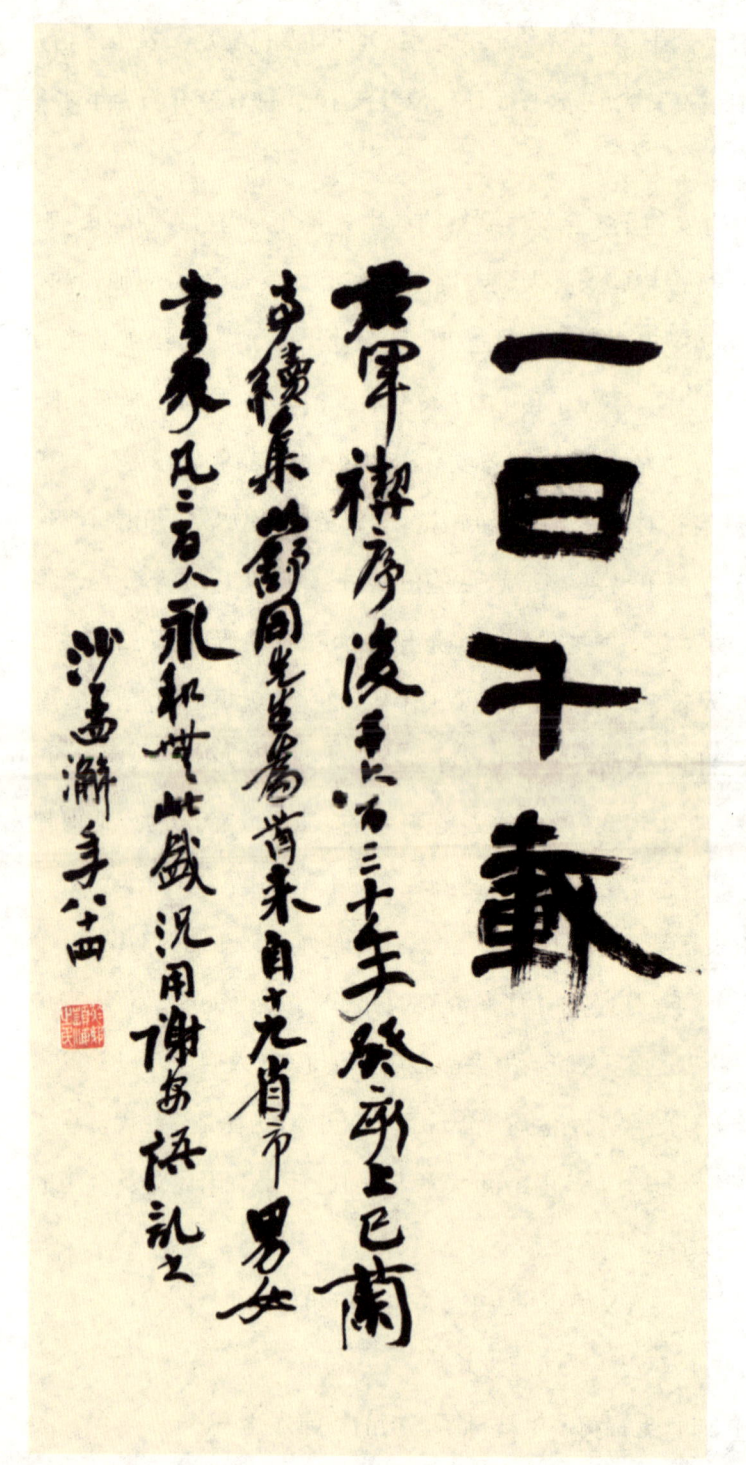

右軍禊序後千六百三十年癸丑上巳蘭亭續集雅集同光生為首來自九省市男女青衣凡三百人永和世此盛況用謝安语記之

沙孟澥年八十四

中,有一次,蒋经国问沙孟海:国民政府有哪几位秘书?沙孟海扳着指头一一数来,说到最后也没报到他自己。蒋经国大惑不解,再问:"孟海兄在侍从室干了好几年,连个国府秘书的名分也没有?"蒋经国当晚就将此事告诉了蒋介石,蒋介石马上写了一个手令:"派沙孟海为国民政府秘书。"这样,沙孟海才有了个国民政府文官处第二局秘书的正式名分。

1948年,历时两年多,一部六册大型线装的《武岭蒋氏宗谱》由中华书局出版,这是蒋氏家族最全面最完美的一个版本。这次修谱,挂名的大总裁是国民党元老、书法家吴敬恒,总编纂是陈布雷,沙孟海虽然是实际文字工作的操持者,但开始只列为4个编纂之一。最后,在新谱定稿时,蒋介石很觉过意不去,他在家谱的序言《先系考序》中亲笔加上"特聘武进吴敬恒先生为总裁,主其事,慈溪陈君布雷、鄞县沙君文若(沙孟海名)为编纂,襄其成"。吴敬恒,即吴稚晖,1865年出生于江苏武进。他为清代举人,是1905年入会的老同盟会员。他一生追随国民党,但却不肯做官。1943年国民政府主席林森病逝于陪都重庆,蒋介石力邀他出任国民政府新主席。但他却以极幽默的"三不"理由婉拒:"一,我平常的衣服穿得很随便简单,做元首要穿燕尾服、打领带打领结,我觉得不自在;二,我脸长得很丑,不像一个大人物;三,我这个人爱笑,看到什么会不自主地笑起来,不要哪天外国使节来递国书,会不由得笑起来,不雅。"看了这"三不"理由后,蒋介石也只能作罢。1946年11月15日至12月25日,国民党在南京召开国民大会,制定了《中华民国宪法》,随后蒋中正当选中华民国第一任总统。吴稚晖在会上担任了制宪代表主席,在蒋介石就职时将《中华民国宪法》递交给了蒋介石。蒋介石选这样一位当家谱总裁,面子是很大的了。在总裁之下就是总编纂。蒋介石把时年48岁的沙孟海排列到副总编纂的地位,是给了他很高表彰的。

1948年12月,蒋氏父子专程来到老家奉化的溪口镇,举行进谱典礼。

溪口镇属浙江奉化,那真是一处山清水秀的地方。镇边一条剡溪,从四明山而来，永远清澈如少女，以优美的舞姿横越溪口，向镇里的人送着秋波，再在如英俊少年般的雪窦山的看护下，一跃入奉化江，再入甬江，奔向她向往的东海。由于这条溪水的养育，溪口镇人心古朴，崇尚文化，生意繁华，生活安逸。

进谱典礼就在溪口镇上的蒋氏宗祠举行。当日祠堂大堂里挂灯结彩，大摆宴席，吴敬恒、沙孟海当然是上座之宾。只是陈布雷没有来，他于1948年11月13日自杀身亡了。

进谱当日，蒋介石很是高兴，他即兴请吴敬恒为蒋家祖居丰镐房的报本堂增添堂额。

旧时浙江人有为祖房立名的习俗。蒋介石父亲辈上为兄弟三人，祖房就分成了三份，分别取名为夏房、商房、周房，这当然有中国最古的王朝夏、商、周的含义在里面。蒋父肇聪排行老三，得周房。蒋父病故后，蒋介石继承了祖房，也要给祖房起名。蒋介石在宗谱中属周字辈且谱名周泰，自己分到的房子当然应按周朝事物起名。西周的都城曾经为丰邑和镐京，蒋介石便把继承来的祖房称为了丰镐房，其中"丰"代表蒋介石一房。"镐"本是代表其弟蒋瑞青一房。蒋瑞青早亡，也由蒋介石兼祧承袭，这样丰镐房全成了蒋介石一人的财产了。丰镐房位于溪口镇中街，占地4800平方米，建筑面积共1850平方米，有大门、素居、报本堂、独立小楼等建筑组成，均为清代样式。1930年，蒋介石予以扩建。蒋介石就是要请吴敬恒为丰镐房里的报本堂题堂额。

吴敬恒是民国四大书家之一，这当然不在话下。他研墨挥毫，"报本堂"三个大字当即跃然纸上。书完堂额，蒋介石又说："早就听说孟海秘书学问极好，可否为本堂设计一副堂前楹联？"能把楹联挂在蒋家的报本堂里，这在当时又是多大的荣耀。不过沙孟海没想那么多，他只当这是文人之间的游戏。他马上想出一副对子："报本尊亲是谓品德要道，光前裕后所望孝子顺孙。"蒋介石是个孝子，对这副推崇品德与孝道的对联十分满意。他铺纸泼墨，亲笔写下了这副楹联。

由于修蒋家家谱一事,沙孟海与蒋氏父子关系就不同寻常了,由此他畅游官场,当会一帆风顺。但他只是一个学问人,有一种不为五斗米折腰的气节。

1949年1月21日,蒋介石宣布下野。沙孟海知道,蒋介石虽然下野,其实大权在握,仍在幕后操作一切。不过,他倒觉得这是一个脱身官场的机会。当时李宗仁代理总统,他宣布总统府迁往广州,总统府全体人员,愿南迁者留用,不愿南迁者疏散离职。沙孟海抓住机会,请求疏散,离开了总统府。

原来,还是在1948年春,蒋氏家谱快要修好时,沙孟海从奉化去了宁波一趟。这次他是去为自己准备后路的。他托亲友在宁波江东彩虹桥租了几间房子。1948年冬,他便把夫人和两个最小的孩子一齐送回宁波安下了家。夫人在宁波私立大中中学部的初中部任了语文教师。这次他脱离官场后,也准备回到宁波,重操旧业,以写字为生。

临行前的一个小插曲是,他来向朱家骅告别。朱家骅很是不舍,他手写了一张中央研究院上海办事处秘书的聘书交给沙孟海,让他随时可以来就职。朱家骅是在当年4月担任了中央研究院的院长的。

但沙孟海想脱离蒋介石,蒋介石却没有忘了他。蒋介石这时已在考虑退守台湾的事。他想《蒋氏宗谱》全本体积太大,不便携带和翻阅,他需要一本易带易翻、只收录他直系一支的小谱。他还想编一本他家乡奉化的县志。这样他又想到了沙孟海。他派人去找沙孟海。沙孟海就在宁波,不难找,沙孟海被带到了蒋介石的老家溪口镇。

这次蒋介石更加礼贤下士,他让沙孟海陪同,探访了家乡先贤全祖望的遗迹,参观了宁波的天一阁。之后他提出了让沙孟海就与他同住在溪口,编一本蒋家简谱和奉化县志的请求。

对蒋家简谱沙孟海没有理由推辞,他答应了下来。这时他想起了朱家骅给他的聘书,便说他正要到上海中央研究院的办事处任职,也好再收集一些资料,且在上海与中华书局沟通也方便。他没有同意住在溪口的要求。就奉化县

渡光迎日勤　浩气与云浮

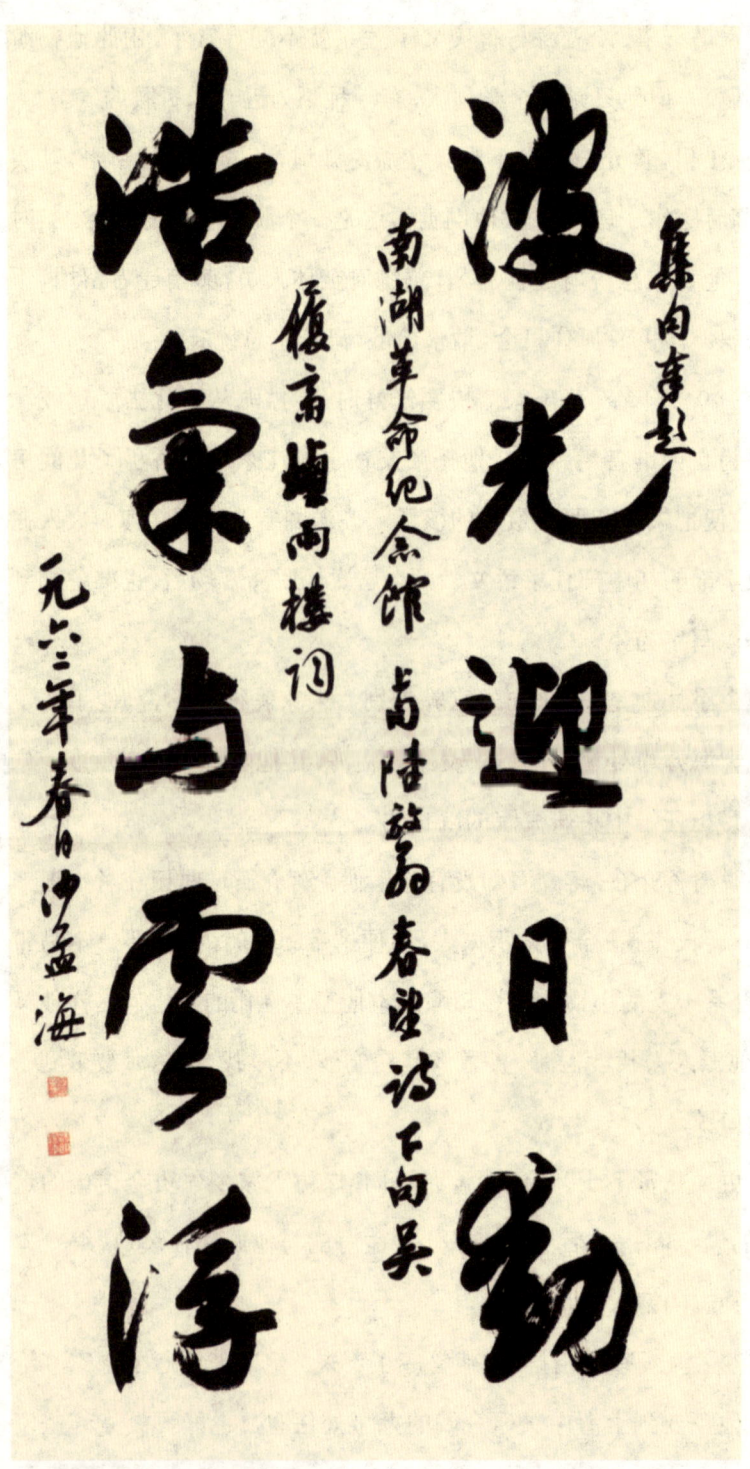

集白乐天
南湖革命纪念馆　尚陆放翁春望诗下句吴
优斋填两楼词

一九六三年春日　沙孟海

沙孟海书法作品

志,他提出由陈布雷的弟弟、历史学家陈训慈和地理学家张其昀出面来编比较好,二人都在宁波,也好找。对他的要求,蒋介石都同意了。

沙孟海答应的事还是会做的。他在上海到了中央研究院办事处报到。办事处主任是地质学家陈宗器,也是沙孟海认识的人。他安排沙孟海在办事处一幢小楼里住下。沙孟海在这里写出了蒋介石的小谱。1949年4月,在蒋介石匆匆离开家乡之际,中华书局排印出了蒋氏小谱,将几本小样送给了蒋介石。此后此事便不了了之了。

也是在4月,沙孟海收到了迁到香港的中英庚款董事会来函,称于1941年董事会成立十周年庆典之际,决定派出4位高级职员去英国参观。当时沙孟海是四人之一。但他以自己不会英文为由,推辞了。他推辞是推辞了,但当时出差费已拨下,沙孟海虽然没有用,却一直存在他的名下,现在已有900英镑之多。这些钱在当时够沙孟海夫妇及两个孩子生活五年。董事会来函请沙孟海去香港领取此款。但沙孟海没有去香港。

蒋介石离开大陆前,也让上海代市长陈良寻找沙孟海,让他把沙孟海送到溪口,然后随蒋介石一同去台湾。陈良派人到了中央研究院办事处找到沙孟海,通知他明天一早乘飞机去溪口,请他速与市政府联系一下。此人一走,沙孟海马上转移了,来到了三弟沙文汉在巨籁达路(今巨鹿路)景华新村22号的寓所,与国民党政府切断了一切联系。沙文汉当时担任中共中央上海局宣传部长。陈修良为中共南京市委书记。

原来在1949年初的旧历除夕,沙文汉的夫人陈修良来到了沙孟海所住的国民党中央政府的宿舍,她是冒着危险来与大哥商量去留问题的。

沙孟海当时正在痛苦地回忆着陈布雷临死前与他说的话。1948年11月上旬时,听说陈布雷身体不好,他特地抽空,在晚上去了南京湖南路的陈寓去看望他。当时陈布雷神思恍惚,长叹一声:"孟海老弟,你我同门,想当初在老师君木先生门下,纵论天下,谈笑风生,那是何等畅快的事呀!如今我日薄西山,你也华发初生,往事如烟,不堪回首啊。"他还说:"二十多年前,我堂兄屺怀将我介绍给蒋先生,我开始不愿去。你是了解我的,我只想搞新闻事业,或者搞教育,从政非我所愿。我是走错了路啦!搞政治非我所愿啊!"陈布雷很诚挚地说:"孟海老弟,我也对不起你!我知道你也不愿意从政,可我也把你拉到官场来。不幸中的大幸是,你还只搞些庆吊文字,修修家谱之事。"沙孟海听罢,十分动情:"布雷兄,我正想跟你说呢,我想修谱事毕,回家卖字为生算了,我把内人送去了宁波,我是干不来官场这一套公务的。"陈布雷点点头,没有再说什么。后来他就在 11 月 13 日自杀了。知道了陈布雷自杀的事,沙孟海更坚定了离开官场的念头。

这时陈修良告诉沙孟海,中国就要解放了,解放后的新中国会更有利于艺术家的发展。听了她的话,沙孟海不假思索地说:"我会留下来,我决不去台湾!"

陈修良很高兴,说你弟弟沙文汉已为你在上海安排了一间亭子间,房子虽然小了一点,可隐蔽性好,等不了多久,上海就会解放,那时候新的政府就会安排你的工作……这样,当陈良派人来通知他去溪口时,沙孟海住进了沙文汉为他准备的亭子间,从此结束了他 20 多年的官场生涯,再度回归学术工作。

第四章

大相甫定

DAXIANGFUDING

百年巨匠

沙孟海的书法、篆刻是好的,且闻名遐迩,自成一家。但他并无借书印技艺扬名之意,无论在何种岗位或生存环境下,他始终坚持以学术立身的志向。中国古典文学是他学术的基础;青中年后,语言文字学、金石考古学和历史学是他学术的三大学科支柱。

第一节

"大雄宝殿"（上）

沙孟海的学术渊源，来自清代朴学一脉。有"前清学者第一人"之誉的戴震在《与方希原书》中说："古今学问之途，其大致有三：或事于义理，或事于制数，或事于文章。事于文章者，等而末者也。"这句话翻译成现代汉语是："从古到今做学问的用途大约有三个，或者是对本义与道理进行阐释，或者是在名物、制度、数术等方面进行考据，或是写写文章。写文章，是最末等的事。"沙孟海人到中年，他做学问的路数是通过做第二等级的事——考据，向第一等级的事——阐明义理进军。他的书法、篆刻是好的，且闻名遐迩，自成一家。但他并无借书印技艺扬名之意，无论在何种岗位或生存环境下，他始终坚持以学术立身的志向。中国古典文学是他学术的基础，青中年后，语言文字学、金石考古学和历史学是他学术的三大学科支柱。

从书法上讲，中华人民共和国刚建国时，他已算是民国第二代书法家。这得力于他对碑学金石气的探索。沙孟海围绕着对金石气的追寻、营构，在章草领域大力拓化，并将章草的古、拙、厚与北碑的骨、势、力结合起来，由清代碑行书的重要一派——沈曾植开始研究，上追黄道周、史游、皇象、钟繇、索靖，穷源尽流，最终得到了北派正溯。

正如他弟妹陈修良所说，新中国会更有利于艺术家的发展，中华人民共和国的建立给了他学术研究的新天地。

1949年5月27日，中国人民解放军攻占中国最大的城市上海。上海市市长为陈毅，上海成为中央直辖市。

上海解放后，沙文汉将沙孟海送进了解放军华东军事政治大学学习。

华东军事政治大学的前身是1946年春由原抗大第4、9分校与华中野战军干部学校合并成立的雪枫大学，校长是粟裕。同年该校与山东军区军事政治干部学校合并，组成华东军政大学，隶属华东军区，张云逸为校长。1949年7月，第三野战军第八兵团部、第三野战军军事政治干部学校与华东军事政治大学合编，组成新的华东军事政治大学，隶属第三野战军建制，陈毅兼任校长和政治委员，陈士榘任副校长，钟期光任副政治委员。下设山东、浙江（校址金华）、福建3个分校。该校在1950年改建为中国人民解放军第三高级步兵学校（校址南京）。

进军大学习的人，都要先写一篇自己的自传履历。沙孟海的自传履历竟用蝇头小楷写了一万多字。一万多字，说明文化层次高；蝇头小楷，体现着书法造诣深，就是不懂书法的人看着也会眼睛一亮。部队很爱惜人才，沙孟海的自传履历被直接送给了公务很忙的上海市市长兼校长陈毅。陈毅在上面批示：写这么好的字，这样有专长的人，应该有很好的安排。

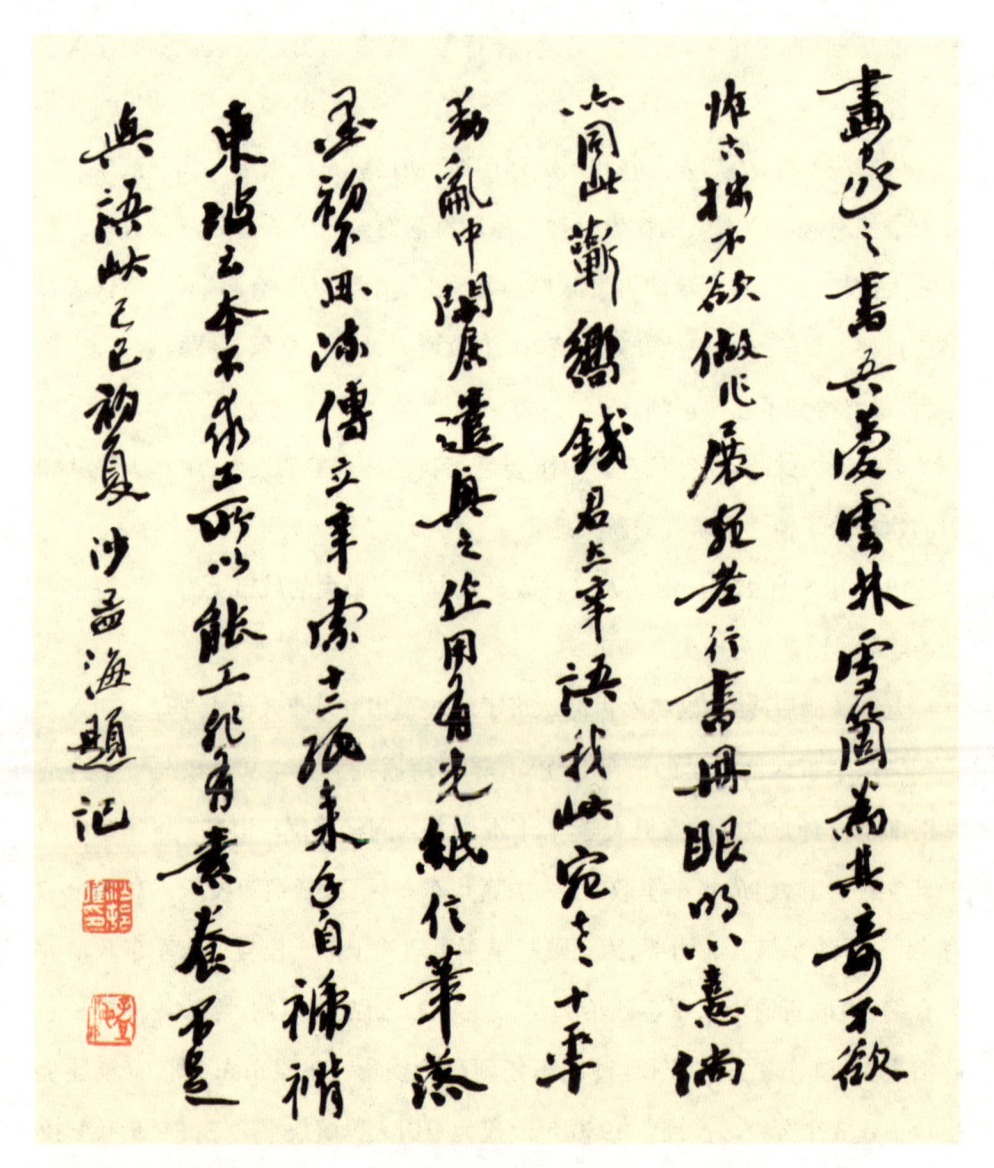

沙孟海小楷作品作品(局部)

　　这样,他没有留在部队,而是按照他的特长,被安排到了浙江大学中文系任教授,讲授文字学和古器物学。

　　这样,他回到了杭州,住进了杭州市龙游路15号。这是一座中西结合的更多呈现英式乡间花园别墅风格的小楼,离西湖仅几步之遥。沙孟海看中它,是因为小园里也种着几棵火红的石榴树,石榴花盛开的时候,衬得房子十分红火。这让他想起了他早年在上海租的第一套房子——戈登路715号。当时那套房子被他命名为"若榴花屋"。现在,他选中了这栋房子,仍命名它为"若榴花屋"。他在搬入龙游路15号的新居之前,还刻了一方"若榴花屋"印章,表达了对上海那座饱含着红色和人生波澜的小屋的回忆。

曾担任国立浙江大学校长的邵裴子先生

在这里要说明一下,上述进军大学习的这段历史,沙孟海年谱中没有记载。年谱上直接说,经邵裴子先生介绍,担任浙江大学中文系教授,教授的课程为中文系与人类学系的古典文学、金石学、古器物学。邵裴子先生是杭州人,1884年生,美国斯坦福大学经济学系毕业,1930年7月至1931年11月任国立浙江大学校长。在任教期间,主张"学者办学""舆论公开",办学卓有成绩。蒋介石视察浙江大学时,动员他加入国民党,他没有同意。这样他就受到排挤,1935年便离开浙大,居住杭州,以为上海商务印书馆翻译和校对书籍为生。1949年中华人民共和国成立后,任民革浙江省委常委、浙江省文物管理委员会主任。他的推荐当然是很有力度的。

到大学教学,这是沙孟海最求之不得的事。他既可以与著名的书画、篆刻家陆维钊(晚年独创非篆非隶亦篆亦隶之新体——现代"螺扁",人称"陆维钊体",独步古今书坛)、话本小说、戏曲和说唱文学的大家胡士莹,词学宗师夏承焘这些名士共事,也可以在交流学术时交流书法。这一年,他加入了西泠印社。

1952年,他又担任了浙江省文物管理委员会常务委员兼调查组组长,领导全省的考古调查工作。他建立了一支能胜任田野调查和发掘的考古队伍,为浙江省考古事业奠定了基础。1954年他兼任省博物馆历史部主任,这也是他十分愿意做的事。他在这里创建了正规的陈列体系。

五十岁前,按照一些研究沙孟海学者的说法,沙孟海的书法进入了"务追险绝"的阶段。从30岁到60岁,他书法风格从"尚韵"到"尚势",十分讲究

杭州灵隐寺

"气"、"势"、"力"的表现。

这时期他的代表作为，在1955年，他为杭州灵隐寺写了"大雄宝殿"殿额；在1956年主编了《浙江新石器时代文物图录》。

灵隐寺，又名云林寺，位于灵隐山麓，是浙江省杭州市最早的古寺。灵隐寺开山祖师为印度僧人慧理和尚。东晋咸和元年（326年），印度僧人慧理从中原云游到了浙江，登临灵隐山时，见山中一峰似曾相识，便说："此乃天竺灵鹫山（印度的山，传说佛祖释迦牟尼在这山居住并说法多年）一小峰，不知何代飞来这里？佛祖在世日，它多为其他仙灵所隐。"他有意彰显这座小峰的佛意，遂在飞来峰下连建五刹：灵鹫、灵隐、灵山、灵峰、灵顺。

到了南朝梁武帝时，灵隐等五寺得赐田并扩建。五代吴越王钱镠，命请永明延寿大师重兴开拓，并赐名灵隐新寺。宋宁宗嘉定年间，灵隐寺被誉为江南禅宗"五山"之一。清顺治年间，禅宗巨匠具德和尚住持灵隐，筹资重建，仅建殿堂用时就达十八年之久，使其规模跃居"东南之冠"。清康熙二十八年（1689

年），康熙帝南巡时，赐名"云林禅寺"。到了1949年5月3日杭州解放时，灵鹫、灵隐、灵山、灵峰、灵顺五寺，除灵隐外，其他四寺或废或更，均已不存。

1949年7月，灵隐寺大殿遭受白蚁蛀蚀，大雄宝殿正中部分倒塌，一根28米长的正梁折断，从殿顶砸了下来，将三尊佛像砸塌。当时杭州刚解放，新政府无暇顾及，只好将灵隐寺关闭。

1951年夏，时任政务院总理的周恩来来到了杭州。浙江省和杭州市领导在汇报工作时都提到了灵隐寺大殿倒塌、迟迟没有修复的问题。周恩来表态说："杭州灵隐寺在国内外佛教界和群众中有巨大影响。我们修灵隐寺，不但可以满足国内信仰佛教的群众朝拜的要求，而且也可以争取东南亚那些信教的国家的支持。虽然我们是无神论者，但是我们是历史唯物主义者，要尊重佛教徒的宗教信仰和宗教感情，而且灵隐寺属于千年古刹，也应得到政府的保护。"有了周总理明确的表态，浙江省人民委员会起草了修复灵隐寺的报告，编造了经费预算，向政务院申报。政务院批复同意并拨了款及木材、钢材、水泥、黄金等物资，加上地方自筹的一部分款项，经费达到了120万元。浙江省还成立了杭州灵隐寺大雄宝殿修复委员会，省文教委副主任宋云彬任主任委员，浙江美术学院邓白教授、建筑部门的吴寅工程师和灵隐寺方丈大悲法师为成员，从1952年起，开始了修复工程。修复大殿的同时，佛像也要重造。先由浙江美院拿出了一尊小佛像石膏模型。这个模型从艺术家的角度讲是十分有创意的。此模型参照敦煌石窟佛像模式，将释迦牟尼头部发型设计成波浪形，腿和脚也没有外露。但这个造型受到方丈大悲法师等宗教人士反对。他们认为，按照佛教典籍，佛陀33像中有一像为"旋发青绀相"，发状为青螺，这已成佛教传统了，新建的佛像不能设计成波浪式样。当然，按照"祖制"，佛祖的腿与脚也要露在外面。此事也上报到政务院。周总理指示说："我们修建寺庙，就是要宣传党的宗教信仰自由政策，满足信教群众的宗教信仰要求。造型艺术是必要的，但主要是为了佛教界信仰的上需要，仍以佛教界人士的意见为主。"这样，按照周总理的指示,设计人员对释迦牟尼像进行修改。佛像定型后,遂开始用樟木建造。佛身净高9.1米,背光(佛像背后的屏风状的饰物)中嵌7佛,总高19.6米,全部贴金;莲座高3米,也贴金;须弥座高2.5米,贴金上彩并用。石台也重新雕刻安装,高2米。佛像上悬宝盖,彩画垂旒,高24.8米。这尊佛像建成后成了我国最大的木雕坐式佛像,受到了国内外佛教界的好评。

沙孟海曾两次为灵隐寺题写"大雄宝殿"殿额

到了1954年,大殿完工,佛像也重造成功,"大雄宝殿"四个字的殿额由谁来题写就成了一个主要问题。

开始是从古人李邕和柳公权碑帖里各选出四个字进行放大,但放大这么多倍的字出来既不清楚,也很不成样子。于是修复委员会决定请浙江最擅长榜书的人题写此殿额。浙江谁的榜书最好?清光绪年间举人、时任浙江图书馆馆长、浙江省文史研究馆副馆长的张宗祥先生开了口。他力推榜书已有很大名气的沙孟海来写。他给沙孟海发了一个函:"北海(即李邕)字放大,仍无神。较柳(公权)字尤不能用。前见宝善堂三字甚佳,此额恐非阁下莫属。请一挥以壮观瞻如何。"宝善堂在上海浦东,清宣统元年(1909年)由开办朱森泰营造厂的朱云山所建,为传统的江南木结构民居,被誉为"浦东第一宅"。朱云山承建过多处早年上海的建筑,其中包括大世界游乐场,因而宝善堂也算是名人故居了。

张宗祥先生看过沙孟海为宝善堂题的匾额,因此觉得沙孟海能够胜任大雄宝殿的题词。

沙孟海点了头,这事就这样定了下来。

沙孟海来到灵隐寺。到现场才发现要写的字每个有四尺见方,一支笔根本写不出来。但他没有发怵,只见他把宣纸铺在了地上,把三枝楂笔(柔毫中最大的叫"楂笔",又称"抓笔")扎在了一起,按殿额所需原样尺寸,边走动边挥笔,一个个大字"大"、"雄"、"宝"、"殿",从左至右,一一立在了纸上。四个字粗大结实,厚实沉稳;字以方笔为主,构成古朴久远。沙孟海一次性成功,最后落款是"沙文若(沙孟海的名)"。边上有人夸赞道:"得李邕骨法也!"但沙孟海放下笔说:"我写此匾如牛耕田。"

此四字一出,沙孟海大相甫定——沙氏书法的绝世特色榜书的代表作在世人面前展示了出来。

榜书,经过了署书——扁——匾——膀——榜书——擘窠大字,这一系列名称的变化说明传世作品虽已经不少,但能称榜书家者寥若晨星,经典作品更是凤毛麟角。虽然王羲之、颜真卿、米芾、康有为、毛泽东等古今书法巨匠皆写过榜书,但遗留下来的榜书作品并不多见。沙孟海因为他深厚的金石学学养,找出了帖学意态挥洒的特质,和碑派的雄浑朴拙进行嫁接,从而让自己的榜书具有了挥洒中铿锵有声,朴拙中气息流畅的特质,自开了一代书宗。

第二节

"大雄宝殿"(下)

　　沙孟海的"大雄宝殿"额一升殿,气象万千,本来此段书法故事到此也就结束了。不料"反右斗争"开始,此额的故事又有了一段新的续集。

　　1957年,中国有了"反右斗争"这一政治运动,把他拉进革命队伍的三弟沙文汉与弟媳陈修良这时双双成为右派。

　　不能呀,他们可是从白色恐怖中走过来的最坚定的共产党人呀!沙孟海闻讯后这么想。

　　中华人民共和国成立前,沙孟海对几个弟弟只承担着兄长的义务,给予了各种帮助。他只知道几个弟弟都是共产党,但并不知道他们具体都干了些什么工作。中华人民共和国成立后,兄弟相聚,他才知道了他们当年的情况。

二弟沙文求牺牲在了广州,五弟沙文度在延安去世。

三弟沙文汉,1925年春在二弟影响下加入了中国共产党。1926年夏,他在宁波甲种商业学校毕业了。当时沙孟海为

沙文汉、陈修良夫妇与儿子

他在青岛银行里找了一份工作,他婉辞了,因为这时他接到了党的命令,让他回故乡接替二哥沙文求的职务,担任沙村党支部书记。那时他还只有18岁。

1928年1月10日,沙文汉20岁,他参与组织了松岙(镇名,属浙江省宁波市奉化区)暴动。暴动没有成功,他回到了上海。不久他奉中共驻共产国际代表团之命,到莫斯科国际马列学院学习,在此期间结识了陈修良,但二人在苏联期间并没有谈恋爱。

陈修良1907年出生在宁波,大沙文汉一岁。她出生后不久父亲去世,家境一下败落。母亲为人刚强,仍花巨资,聘请名师教导女儿。陈修良也不负众望,1922年考入宁波女子师范读书,此后又进入浙江省立女子中学,在学校中接触革命刊物,成为热血青年。她于1926年3月加入共青团,1926年10月与沙文汉的哥哥沙文求一同去了广州中山大学,1927年5月转为共产党员。共产党在广州发动起义失败后,组织上让不会讲粤语的同志转移,她被转移到了武汉,被推荐给时任中共武汉市委宣传部长的向警予做秘书。向警予是中国共产党创始人及早期领导人之一,是当时中共中央政治局常委兼中央宣传部部长蔡和森的妻子。1928年3月20日,由于叛徒宋若林的出卖,向警予在武汉汉口法租界被捕,随后就义。向警予被捕后,陈修良在武汉又待不下去了,便被送到苏联莫斯科中国劳动者共产主义大学学习。当时同去莫斯科的有一百人,分成五

沙孟海书法作品

个小组，陈修良是五个小组长之一。后来的中国共产党第二代领导人邓小平，也曾于1926年进入这所大学学习。不过陈修良去时，邓小平已回国了。

1930年，沙文汉和陈修良还有中国共产党驻莫斯科代表团成员余飞一同回国。余飞是安徽人，回国后，余飞到了安徽安庆，安庆当时是安徽省的省会。沙文汉先在上海工作，因身体不好回大哥沙孟海在南京的寓所养病，病好后沙孟海推荐他在安徽教育厅（在安庆）找了份工作，但他同时又在安徽大学里注册了一个学籍。陈修良则继续在上海做地下工作。

到了安庆的第三年，余飞被叛徒出卖而被捕，他被捕后也叛变了革命，第一个供出了在教育局工作的沙房山（沙文汉化名）是共产党。好在沙文汉命大且人缘好，那天他快走到教育厅大门口时，有两个同事看见他说，警察局有人来找你呢,还不快走!沙文汉马上就躲了出去。他在公共厕所里躲了一夜,但刚出来就被警察看见了。他被带到了警察局。在审问中,他自称是安徽大学的学生。警察局马上派人去问安徽大学教务处。教务处一翻学生花名册,回答说,沙房山是我们的学生。这样警察就把他放了。他出了警察局,就来到余飞家。这时他还不知道是余飞叛变供出了他。余飞家里只有他妹妹在,余飞的妹妹是个好人,她对他说:"不得了了,你的事被我哥哥供出来了,你快跑吧!"沙文汉这才知道事情的真相。他第一个想到的就是陈修良,马上到一个朋友家,托朋友发了一个电报给上海的陈修良。电报只有两句话:"阿才生病,病重入院。"阿才是余飞的化名,陈修良马上懂了,也开始逃亡。

因为余飞的叛变,沙文汉失去了组织关系。他逃出了安庆,到上海来找陈修良。不料陈修良的组织关系也在余飞手里,她也失去了与组织的联系。他俩只好在大街上碰运气,最终陈修良见到了曾经一同搞过夜校的地下党员张文秋(后来她成了毛泽东的亲家,其大女儿刘思齐嫁予毛泽东长子毛岸英,其二女儿邵华嫁予毛泽东次子毛岸青)。经张文秋的安排,地下党让陈修良到南京鼓楼旅舍去接头。这样,沙文汉又陪着陈修良来到南京,住到了大哥沙孟海家。沙孟海这时在教育部长朱家骅手下当秘书,见到三弟就笑了:"前些时候朱家骅还向我问罪,说安徽教育厅丢失了一个人,就是你的弟弟,他跑哪去啦?我说我不知道啊!现在好了,你倒来我家了!"兄弟俩好一阵亲热。

但这次他们仍没有与南京地下党接上头。

在这动荡的年月,沙文汉与陈修良二人互相照顾,产生了感情。1932年11月,沙文汉与陈修良在上海结婚。从此这对革命伴侣肝胆相照,心心相印,同甘共苦了一辈子。

他们久久找不到党组织,于是打算去东京找党组织。因为他们在莫斯科学习时知道共产国际的远东情报局就设在东京。他们认为,凭着他们在莫斯科学习的经历与流利的俄语,在那里找到共产党组织还是容易的。

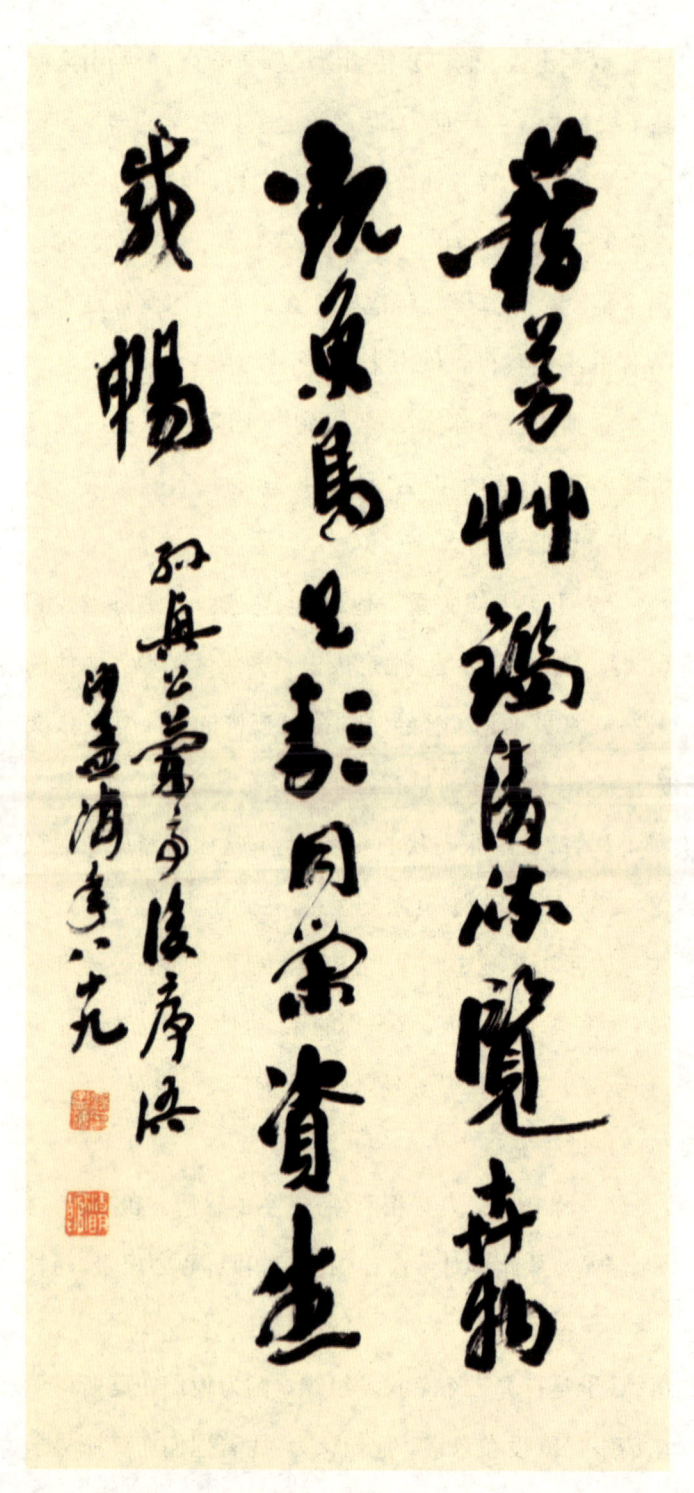

若草艸齊鬯條覽卉物
欣魚鳥之春同榮資生
遂暢

孤舟艸意後庚浚
沙孟海年八九

1933年2月，他们双双告别大哥沙孟海，到了日本东京。果然，在那里他们找到了共产国际的远东情报局的秘密机构，参加了他们的情报工作。

1935年，他们回到上海，接上了党的关系。

1937年11月，中共江苏省委成立，沙文汉任省委宣传部长，陈修良任省委妇委书记。不过他们遇到的一件事是，王明要找他们麻烦。

王明原名陈绍禹，1904年生于安徽金寨县。他早年参加过学生运动，在五卅运动中加入中国国民党。1925年去莫斯科中山大学学习，并加入中国共产党。同年冬回国。随着蒋介石发动"四·一二"政变，中国第一次国内革命战争失败，他随共产国际的代表米夫去了苏联，在莫斯科大学任教。1931年在中国共产党六届四中全会上，由于共产国际代表米夫的鼎力支持，王明进入中央政治局常委会。当上中央政治局常委后，王明便想夺得最高权力。要夺得最高权力，便要先当上组织实力最强的江苏（后改为江南）省委书记。为此他打压了一批江苏省委的干部，也遭到当时江苏省委上上下下的抵制。当年6月，共产党总书记向忠发被捕叛变，米夫便指定王明代理书记，由此中共党内有了第三次"左"倾错误的统治，导致了中央苏区的丢失和红军的长征。红军长征时，王明随米夫去了苏联。1937年"七·七事变"后，国共两党组成了抗日统一战线，王明又回到国内，担任中共长江局书记。他提出的口号是"一切经过统一战线""一切服从统一战线"。他放弃党对统一战线的领导权的做法，给党带来不少损失。1940年时，他知道沙文汉与陈修良是1930年回来参加革命的原江苏省委的干部，便命令他俩到延安去接受审查，要他们交代在莫斯科时还有在上海召开党的六届四中全会上反对王明的"反党"问题。

陈修良先行一步，这也是幸运的一步。她从上海到延安的第一站是到苏北抗日根据地。她来到了盐城。1941年1月6日至13日发生了"皖南事变"，新四军军长叶挺、副军长项英、军部及所部9000余官兵，被国民党军围歼于安徽泾县茂林地区。1941年1月25日，中共中央就在苏北的盐城重新建立了以陈毅为代理军长,刘少奇为政治委员的新四军军部。当时中共中央还将原东南局与中原局合并,成立华中局,由刘少奇任书记,他也是代表中央领导一方"诸侯",讲起来与王明长江局书记平级。他说新建的根据地十分缺干部,像陈修良这样的干部十分难得。他说你们长江局不要你,你就留在我们华中局吧。他留下陈修良在军部和华中局党校工作(在苏北根据地)。第二年秋,由于日军占领了上海租界,江苏省委在租界的活动变得十分困难,这时,沙文汉随着江苏省委书记刘晓也撤到了同是新四军抗日民主根据地的淮南根据地,在淮南区党委宣传部工作,后调到华中局城工部工作。抗日战争中,新四军在长江以北共有苏北、苏中、淮南、淮北四块抗日民主根据地。沙文汉夫妇的女儿贝贝还小,才3岁,就交由瞎眼的岳母陈馥在南京抚养。

当时四弟沙文威仍在上海坚持做地下工作,五弟去了贺龙部队。沙孟海则在重庆朱家骅处当秘书。

1945年日本投降,沙文汉调任新四军南下支队政委,随支队渡过长江到达南京郊外栖霞山地区,当时的设想是准备配合新四军第二、六师,从日寇手中接管南京。之后他就担任了中共中央上海分局宣传部长兼文化、工商统战委员会副书记。

1946年3月,中共华中局副书记谭震林在淮安召见时任华中局城工部南京工作部部长的陈修良,宣布这位39岁的女同志担任中共南京市委书记。

这是有史以来南京的第一位女市委书记。

之前,南京市的地下党,遭受过国民党8次毁灭性打击,8任市委书记均献出了宝贵的生命。最困难的时候,即1934年2月之后,南京已经没有了党的组织。1937年11月南京被日军攻陷之后,整个城市连一个党员也没能剩下。不过谭震林告诉陈修良,现在情况又有好转,到1946年初,原中共南京工作委员会发展有地下党员约140人;苏南区党委系统有党员40多名;淮南区党委系统有30多名。他交给陈修良的任务有两个,一是弄情报;二是对国民党人员进行

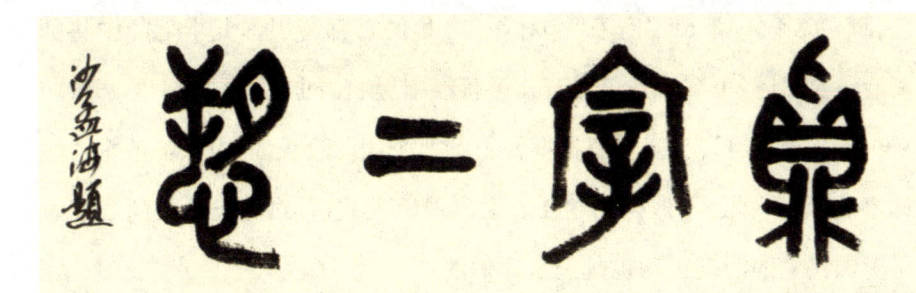

沙孟海行书作品

策反。

　　沙文汉知道陈修良此行的危险。当时南京人口仅 90 万,光特务、警察就有 9000 多人呀。他写了一首诗《丙戌春送修良主持南京地下党工作,赠诗以壮其行》为妻子壮行:

　　男儿一世重横行,巾帼岂无翻海鲸?
　　欲得虎儿须入穴,如今虎穴是南京。

　　在南京秘密党员马文林的护送下,陈修良进入了南京城,住进了南京一对地下党夫妻家,身份是张太太,是这对夫妻的姑妈。

　　陈修良随后建立了情报、策反两个专门委员会。情报委员会由卢伯明负责,策反委员会就由沙文威负责。两个委员会都对陈修良负责,陈修良单线与中共上海局联系。上海局负责与她对接的就是宣传部长、丈夫沙文汉,他负责南京和杭州的地下情报工作。1948 年秋,他又兼任上海局策反委员会副书记。

　　陈修良在南京市委书记任上做出的出色成绩有:搞到了国民党的军事密码本,《京沪杭沿线军事部署图》《长江北岸桥头堡封港情况》《江宁要塞弹药储运数量表》《京沪杭作战方针及兵力部署》等情报也源源不断送到了解放军的指挥部。1948 年 9 月她成功策反了国民党轰炸机八大队飞行员俞渤及机组,1949 年 2 月,策反了国民党最先进的巡洋舰"重庆号"(其中沙文威也功不可没），南京解放前夕，策反了有着"御林军"之称的首都警卫师九十七师中将师长王宴清。要知道，王宴清是蒋介石儿子蒋经国提名当上这支御林军的师长的呀！1949年3月24日夜，王宴清指挥警卫师两个团北渡长江，投入解放军的怀抱。此事震惊南京城，不但国民党江防上出现巨大缺口，对蒋氏父子的心理震动乃至对国民党的心理震动也是无法评估的。

以陈修良为首的地下党，还全力渗透进南京国民党警察之中。陈修良成立了"警运委"，国民党南京警察厅下辖的13个分局都有地下党员。在警察中做的这些工作，为南京解放后的城市管理工作打下了很好的底子。1949年4月21日晨，中国人民解放军第二、第三野战军全线发起渡江战役。当时负责京沪杭大决战的国民党京沪杭警备总司令汤恩伯下令弃守南京，要求炸掉南京的港口、火车站、机场和重要仓库。4月22日，敌工兵营长带领爆破组前来破坏老江口火车轮渡栈桥。老江口水上警察局在岗楼上守望的警察是地下党员潘逸舟，他立即用机枪扫射，阻止敌人破坏。分工负责保护栈桥的中共地下党支部委员林大宗听到枪声，带领起义警察前来增援，打跑了敌人，保住了栈桥这个南北交通的咽喉。

4月23日，原本担任对南京守军钳制和监视任务的解放军第35军，接到总前委要求，让他们立即进入南京。本来没有进攻南京的任务，该军就没有准备船只。3月国民党宣布"封江"之后，长江上的大小船只也统统被赶进了内河。在这个关键时刻，地下党南京市委再显身手。4月23日夜晚，他们组织下关电厂、下关机务段轮渡所工人驾驶着"京电号"、"凌平号"过江到达浦口；24日中午，被策反的水上警察局二号巡艇也开到浦口；紧接着，地下党南京市委又组织民船和停泊在下关沿江一带的公、私营轮船公司的大小机动船只一齐出动。从24日凌晨到中午，解放军35军全军从浦口顺利过江，冲入南京，占领总统府。战士们把总统府上的青天白日旗扯了下来，宣告蒋介石在大陆的统治结束。解放了的南京，全市没有停一天电和水，没有停一天报纸和广播。南京解放了,六朝古都回到了人民的手中。地下党南京市委功垂千秋！

4月27日,刘伯承、邓小平进驻南京,成立了新的南京市委。刘伯承为书记、宋任穷为副书记,陈修良任组织部长,张际春任宣传部长,陈同生任统战部长,陈士渠任卫戍总司令。

1949年5月3日,杭州解放,沙文汉调任中共浙江省委宣传部部长兼统战部部长,后任中共中央华东局台湾工作委员会副书记,浙江省人民政府副主席兼教育厅厅长、浙江大学校长,中共中央华东局宣传部副部长等职。

1950年,陈修良调任上海市委组织部副部长,后任华东局妇女委员会副书记、华东妇联副主任;1955年,陈修良的丈夫沙文汉经浙江省第一届人民代表大会第二次会议选举,出任浙江省解放后第一任省长(行政6级),陈修良也调往杭州,在浙江省委宣传部担任副部长和代理部长。

这样一对老党员夫妻会是右派？沙孟海当然想不通。不过他不知道的是,沙文汉夫妻的言论在当时是不合时宜的。

陈修良在1956年7月召开的中共浙江省第二次代表大会上发言,反对"以党代政",呼吁:"党"与"政"应该分开,该用"方印子"(当时政府公章是方章)的地方,不该用"圆印子"。

沙文汉也在省代会上以省长的身份讲话说:"现在我们的做法,由党委来包揽政府机关许多的行政事务和把大大小小政府机关的工作都拿到党内来决定的做法,显然已落后于形势的发展,既妨碍了党在重大问题上的研究与领导,也使我们政权机关的实际内容机械、空虚,不能适应人民日益提高的要求。"

这些放到二十多年后改革开放时无比正确的话,在当时就被认为是反对党的领导的"右派"言论。沙文汉与陈修良被打成"右派",沙文汉还成了全国党内级别最高的"右派"。

沙文汉夫妇成了"右派",对四弟沙文威的命运没有影响。从1949年2月起，沙文威（又叫史永）任中共南京市委统一战线工作部副部长，兼任南京市协商委员会秘书长、南京市人民政府交际处处长、南京市人民政府人事局副局长。1958年3月，他调政协全国委员会担任秘书处处长。1961年后任了全国政协副秘书长。但沙文汉成为"右派"一事，对沙孟海有了一点影响。当时有人提出，杭州灵隐寺里那么大的"大雄宝殿"四个字，是沙孟海题的。他弟弟是省长级的大"右派"，从政治角度上讲，很不妥吧。但一时又没有人能写出更好的字来替换。于是领导想出来了一个折中办法，把"大雄宝殿"四个字后的落款"沙文若"给挖去了。到了"文革"，干脆挂出了"整修内部，暂停参观"的牌子，把灵隐寺封了。

　　1970年，柬埔寨国家元首西哈努克亲王在周恩来陪同下访问杭州。西哈努克可是个虔诚的佛教徒，他的国家人们与人见面的礼节都是双手合十的。他当然知道灵隐寺，到了杭州，他提出要到灵隐寺进一炷香。他这个要求得到了同意。

　　到了灵隐寺，在大雄宝殿前，亲王盯着"大雄宝殿"四个字许久，接着问："这几个字是谁写的？为什么没有题款？"陪同的中国官员吃了一惊，他真不好回答。他看了看周恩来总理，看总理没有吱声，便灵机一动，回答亲王说："这字是古代传下来的，年代太久，已经不知是何人书写了。"西哈努克不再说什么了，似乎已经接受了"无名氏作"的观点。但周恩来总理是知道灵隐寺重修的全过程的，他当然知道沙孟海题写大雄宝殿的事。周恩来也是书法家，对书法作品的基本要求当然很懂——哪有作品不落款的呢！周恩来长期负责地下党方面的工作，也知道沙文汉夫妇和沙文威对我党所做的贡献。他找来了浙江当时革委会的负责人，对他说："沙文汉是沙文汉，沙文若是沙文若嘛！怎么能够因为沙文汉是"右派"，连沙文若的名字也抹去呢？不能搞株连。这不是党的政策！"

　　周总理有了明确的指示，当立即执行。浙江革委会马上派人去沙孟海处，让沙孟海补写"沙文若"三个字上去。在革委会方面看来，这是在给你面子，是在给你落实政策；但在沙孟海看来，是你没文化，不懂艺术。书法是讲究气韵连

1987年沙孟海重新题写了"大雄宝殿"殿额

贯的,是讲究整章布局的。你单写几个字打补丁,是对艺术作品整体性的破坏。沙孟海回答说:"要么就让我重写一块,光补就不补了。"

来人回去汇报。革委会方面认为这是沙孟海故意端架子,让你补上名字就不错了,你还想再写一遍,再为你自己扬一下名,这怎么可能?反正是你不肯写,下次总理问起来也好有个说词。但总理的指示也要落实呀,他们就"很聪明"地另找了一个人,仿着沙孟海的字体写了"沙文若"三个字,补了上去。

这件事最后的结局是,沙孟海对周恩来产生了无比的敬意。20世纪30年代后期,浙江省富阳籍作家郁达夫曾在游兰溪栖真寺时写过一首绝句:

红叶清溪水急流,兰江风物最宜秋。
月明舟畔琵琶响,绝似浔阳夜泊舟。

沙孟海送给邓颖超八十寿辰礼物

　　当时周恩来很喜欢这首诗，郭沫若知道后便把这首诗写成一个册页送给周恩来，周恩来保存了好多年。但不幸的是，这个册页后来在战争年代遗失了。听人讲起了这件事，沙孟海便在 1985 年春，在周恩来夫人邓颖超大姐八十寿辰时，用此诗创作出一幅立轴，并题跋曰："郁达夫兰溪栖真寺题壁。周总理心赏之。颖超大姐正腕。乙丑早春，沙孟海年八十六。"邓颖超非常喜欢这一立轴，裱后挂在卧室前墙上。她回赠给沙孟海一批书籍、画册和物品。

　　1964 年 1 月 2 日，沙文汉在杭州病逝，享年 56 岁。

　　1977 年，陈修良的右派案被定为错案，陈修良被平反。

　　1979 年 2 月，沙文威替去世的哥哥写出了平反申请书，1982 年，沙文汉最终得到平反。

  1987年,沙孟海重新题写了"大雄宝殿"殿额。这次四个大字与旧殿额四个大字相比,更加险绝。四个字或粗大结实,或由纤细突转厚实,或左右厚实对撞,或上压下顶,所有线条结成字后,一股气势在险峻中悠然而升,让阅者产生荡气回肠之感。此四字可用晋代著名书法家卫铄(即教王羲之的卫夫人)之语叹道:"点画波撇屈曲,皆须尽一身之力而送之。"只是沙孟海所写的这个殿额已不是"耕字"了,而是写后放大的字。此时的落款也已是"沙孟海",而不是之前的"沙文若"。时光飞逝呀,此殿额背后的故事,让人唏嘘不已,让人感叹人间正道是沧桑。

第三节

富春山居图

1956年，身为浙江省文物管理委员会常务委员兼调查组长的沙孟海知道了一件事，即元代黄公望的《富春山居图》残卷在吴湖帆先生手里。

黄公望是元代全真派道士，号一峰道人，又号大痴道人，一说为常熟（今江苏省常熟市）人。他本姓陆，名坚，幼年父母双亡，族人将其过继给永嘉州（今浙江温州市）平阳县（今属苍南县）黄氏为子，因改姓黄，名公望，字子久。其山水画宗法董源、巨然，后来自创一格；创浅绛山水，画风雄秀、简逸、明快，位列"元四家"（另外三家为吴镇、王蒙、倪瓒）之首。元至元（1335年~1340年）中，浙西廉访使司徐瑛聘他为书吏，后被诬入狱，出狱后师事金月岩入全真道。曾住持万

《富春山居图·无用师卷》(局部)

寿宫,提点开元宫。后往来松江、杭州等地,卖卜为生。晚年住在杭州筲箕泉,86岁时逝世。他的画风对明清山水画影响甚大。

《望富春山居图》就是其代表作。这是一幅近7米长的纸本水墨画。它既是中国十大传世名画之一,且自身发生的故事也可谓是传世佳话。黄公望开始画此画于至正七年(1347年),当时他已79岁高龄。此画画了三年才完成。画里描绘的是富春江秋天的景致:起伏变化的峰峦,萧瑟苍简的树木,群山环抱的村落,顺水漂流的渔舟,如此这般恬淡宁静、淳朴自然的田园风光,令观者在凝神欣赏之际有如进入了神仙居住的仙境。黄公望在创作这幅作品的时候,无论是艺术修养、笔墨功力还是对于大自然山山水水的真切感知,几乎都达到了炉火纯青的境界。

1350年黄公望将此图题款后送给了自己的师弟、全真道士金志扬的弟子郑樗(无用上人)。明成化年间,此画到了明朝画家、吴门画派的创始人、明四家之一的沈周手里。一天,沈周太过轻信人,请人为此画题跋时,却被此人的儿子调了包。这让沈周后悔不已,但也无法追索。后来此画到了画家经樊舜、谈志伊手里,最后被书画大家董其昌收藏。董其昌晚年遭难,迫不得已以重价把《富春山居图》典押给好友、万历十七年同科进士、宜兴人吴达可。

清顺治年间,《富春山居图》在吴家流传至第三代吴问卿(字洪裕)手中。吴问卿是有名的痴画疯子。他为此画专门打造了一间"富春轩"作特别供奉,睡觉抱着它,饮食望着它。在明代覆亡之际,他光着脚别的什么也不带,只带着这张手卷躲入山中避难。清顺治七年(1650年),卧病在床的吴问卿到了弥留之际,他念念不忘《富春山居图》,竟然要用此画"火殉"。就在此画已投入火中之时,吴问卿的侄子吴静庵从人群里猛地窜出,他从火中一跃而过时,将画从火中抢出。为了掩人耳目,他同时又往火中投入了另外一幅画,从而保存下了《富春山居图》。

画虽然被救下来了,但起首一段已被烧掉,中间也被烧出几个连珠洞,断为一大一小两段,就是幸存的画面上,也是火痕斑斑了。

1652年,吴家子弟吴寄谷得到此画。他将烧损烧焦的那部分细心揭下,剩余部分就直接拼接起来。拼接好的画,居然正好有一山一水、一丘一壑之景,几乎看不出是拼接而成的。于是,人们就把这一部分称作《富春山居图·剩山图》。没有烧损并保留了原画主体内容的另外一段,主要的问题是在画首有火烧痕迹。他处理的办法是,在装裱时特意将原本位于画尾的董其昌题跋切割下来放在画首作为掩饰。这段画后来到了乾隆手上,名叫《富春山居图·无用师卷》。至此,原《富春山居图》被分割成《富春山居图·剩山图》和《富春山居图·无用师卷》长短两部分,身首各异,各有际遇。《剩山图》在抗战期间,为大画家吴湖帆所得。而《无用师卷》,开始于1746年被清廷征得,送到乾隆皇帝面前时,他竟认为是赝品,因为他已得到了《富春山居图·子明卷》,并爱不释手,随身携带,在上面写了55个跋。不过《子明卷》才是假的,是明末文人临摹的《富春山居图·无用师卷》。后人为了以假乱真,将原临摹者题款去掉,伪造了黄公望题款。这手段竟把乾隆帝蒙骗了,当他得到真迹后反而不相信了。他盖了个玉玺就把真迹收进库房作罢。此后几经转辗,此图到了台湾的故宫博物院。

1956年,沙孟海听说《剩山图》在吴湖帆手上时,心想珍品最怕天灾人祸,以个人的能力极难保存,交由国家收藏才是万全之策。于是,他多次往返于杭

《富春山居图·剩山图》（局部）

沪之间，与吴湖帆商洽，又请出钱镜塘、谢稚柳等名家从中周旋。吴湖帆为沙孟海的真诚所感动，终于同意割爱，1956年，《剩山图》落户浙江博物馆，成为浙馆的"镇馆之宝"。

2010年在全国"两会"记者会上，温家宝总理说，黄公望的《富春山居图》一部分放在杭州博物馆，一部分放在台北故宫博物院，希望什么时候能合成一幅画。第二年，2011年7月15日，作为对温总理希望的响应，两幅画一同在台湾展出。沙孟海当年的努力，算是结出了一只硕果。

第四节

动荡岁月

浙江开高等书法教育的先河,影响了浙江书法乃至中国书法的进程,这得力于著名美术教育家、原浙江美术学院院长潘天寿先生。1963 年,在他的呼吁之下,文化部决定在全国美术院校中国画系开设书法篆刻课程,并由浙江美术学院先行试办书法篆刻专业。

潘天寿院长亲自挂帅,邀请了沙孟海与吴茀之、诸乐三、陆维钊、朱家济、刘江等共同组成了一个 7 人书法教育集体,后来又调章祖安先生参加。从 1963 年夏天开始,学院设立书法刻印科,招收书法篆刻专业学生,沙孟海在科里教授书法、篆刻史和古文字学。

这时,沙孟海年过六十,书法风格成熟,自成沙体,实已进入了创宗立派阶段。他自己也感觉进入了人生最美好的阶段,可以安安心心教育、向青年人传授他的书法风格了。

1962 年,他已写出了《印学史》第一章至第十六章,作为《印学史》的上编。第二年,又写了第十七章至第三十七章,附

沙孟海从未停止学术研究

录再六章,作为《印学史》的下编,共 14 万字。《印学史》上溯春秋战国,下至清末民初,文字的见解已十分难得,所得图板拓片更十分珍贵——它们均由沙孟海一一验取原书原谱及常见的绘文并认真核对而采用。此书为全面系统地阐述中华印学的源流形成及其发展与流派的权威之作。

此书又是中国书法史上的一问鼎之作,为沙孟海成为一代宗师再铺一块奠基石。可惜的是,此书当时没有来得及出版,因为"文革"开始了。此书至 1987 年 6 月才得以出版。

当时三弟沙文汉被打倒后,并没有气馁,转而搞起了文史研究,于 1963 年写出了 8 万字的《中国奴隶制度的探讨》一书。此书当时也没有出版的可能。"七一"前,他把书稿寄给了省委统战部,作为给党的礼物。第二年,他就去世了。此书也是在"文革"后才得以出版。

1966 年夏"文革"开始了,从这年 8 月开始到 1968 年,沙孟海受到三次抄家,人也被隔离审查。但就是这样,他还在搞他的学术。1966 年时,沙孟海写出了《谈秦印》,6 月 5 日刊发在香港《大公报》上。过去从明代末期开始,篆刻界一直认为春秋战国时代的阔边碎朱文小玺是秦印。经沙孟海的考证,春秋战国时代有边栏有界格的白文印才是秦印。

1971 年,沙孟海被解除了审查,他开始恢复写作。1972 年写出《晋朱曼妻

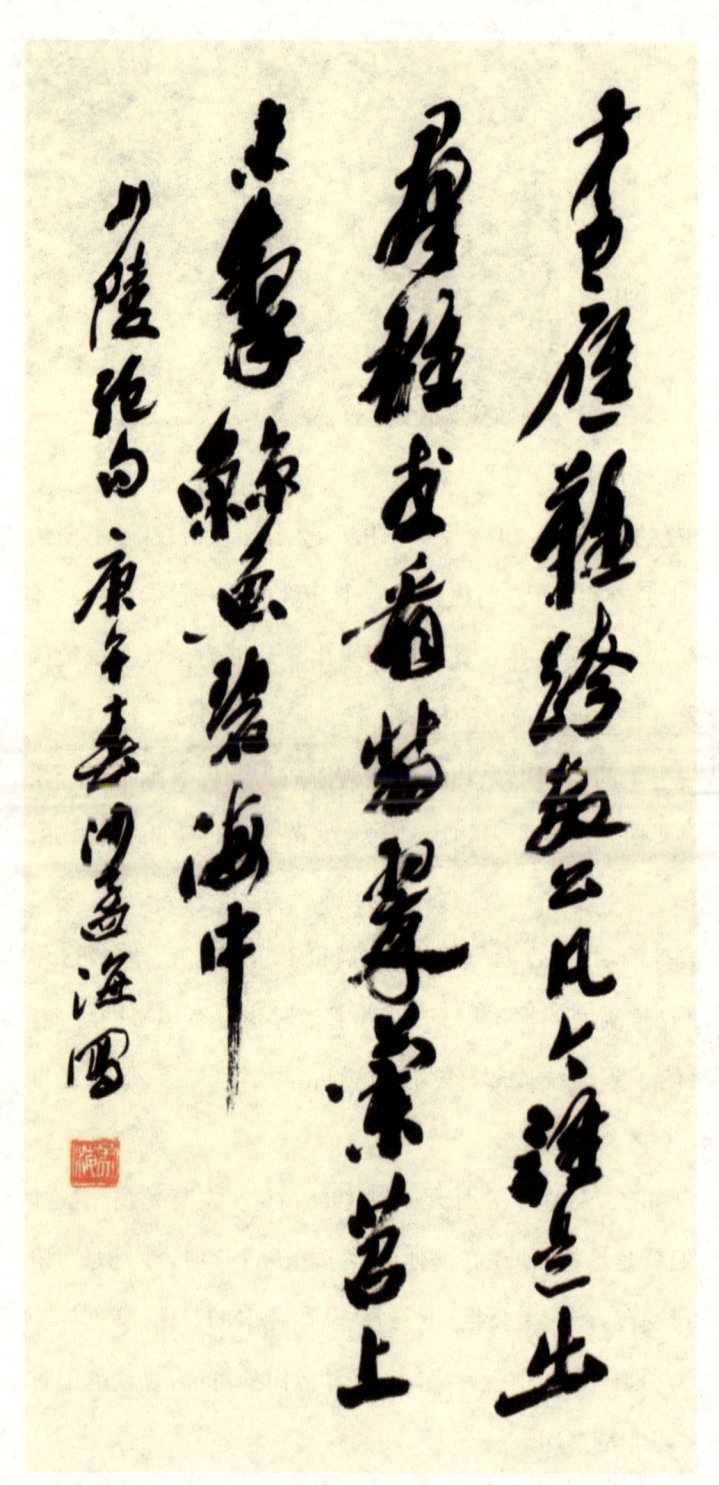

草檐雖矮勢巍峨，雜花香裏翠巖高上，風雨鮫綃擘海中。

陸放翁句　庚午春　沙孟海書

沙孟海书法作品

薛氏买地券跋》,在这篇文章里对碑学如何临摹给出了一个重要的观点:"金石刻文有先刻横画、后刻竖画的,或先刻竖画、后刻横画……故竖画有漏刻,不是为了省笔。"

1973年5月,浙江省文化局下文《关于沙孟海同志政治历史问题的审查批复》,最终撤销了对他的审查。这年,他写出了《中国早期文学与书法史上的几种主要字体》一书及文章共十篇。1974年以后,已过75岁高龄的他,更是精神抖擞,书法与文章不断问世。1979年1月,省文化局党组对沙孟海做出政治结论:"推翻强加于他的一切诬蔑不实之词"。这一年,更让他高兴的事是,浙江美术学院有史以来第一次招收书法篆刻专业研究生了。教学班子由陆维钊任组长,沙孟海、诸乐三、刘江、章祖安为成员,研究生共招了五人。如果说,浙江美术学院书法篆刻专业的建立,标志着中国书法教育由传统师徒授受方式向高等教育的专业化道路的转型,喻示着中国书法专业时代的到来,那么在1979年,也就是"文革"后全国恢复高校本科招生以后的第三年,浙江美术学院又向全国招收首届书法篆刻专业硕士研究生,则标志着书法学与其他学科一样,有了自己的专业化高端人才。当时沙孟海已八十高龄,他却乐呵呵地挑起了这副教学重担。

也是在1979年,在西泠印社成立75周年纪念大会上,沙孟海当选为西泠印社第四任社长。西泠印社第一任社长是吴昌硕,第二任为马衡,第三任为张宗祥。

第五节

登上艺术高峰

到了1979年,沙孟海80岁了,他进入了"人书俱老"的最高境界。学者张爱国说:"沙老的创作进入了鼎盛时期,书风由秀逸儒雅到浑厚华滋最终归入古拙朴茂,一如草木之由春之绚丽多姿到夏之煊赫灿烂而入深秋的豪迈深远,最终归于冬之空旷无际。"沙孟海的弟子、书法家陈振濂分析沙孟海这一时期的书风特征时也说:"有意为之强调气势和刻意求全地强调技巧,逐渐为炉火纯青的信手拈来所代替。一切犹豫、彷徨和偶有小获的喜悦,被一种更为大气的风度所淹没。"启功先生说沙孟海:"看他的下笔,是直抒胸臆地直来直去","往深里看去,确实有多方面的根底修养。而使我最敬佩处则是无论笔的利钝,纸的精粗,人的高低好像他都没看见,拿起便写,给人以浩浩落落之感。"

这时沙孟海的学术和书法已形成了体系:

章草,他学习的是沈曾植。沈曾植(1850年~1922年),浙江嘉兴人。字子培,号巽斋,别号乙盦,晚号寐叟,晚称巽斋老人、东轩居士,又自号逊斋居士等,其祖父沈维鐈,进士出身,官至工部左侍郎,人称"小湖先生"。他是曾国藩的老师,著有《补读书斋遗稿十卷》。曾五任学政,提倡学有用之学。出生在这样一个家庭,沈曾植当然会学有所成。他光绪六年(1880年)中进士,官做到总理衙门的章京。1901年任上海南洋公学(今上海交通大学前身)监督(校长)。他博古通今,学贯中西,有"硕学通儒""中国大儒"之美誉。从书法上说,他早年得笔于清代书法家、自拟为"右军第一人"的包世臣,壮年又特别钻研晚清书法家、被康有为誉为"千年以来无与比"的清代书法家张裕钊。其后由帖入碑,熔南北书流于一炉,为书法艺术开出一个新的境界。他最具意境的故事是,临终前数小时仍握笔挥书,写成三联。甲联书于五尺白冷金笺

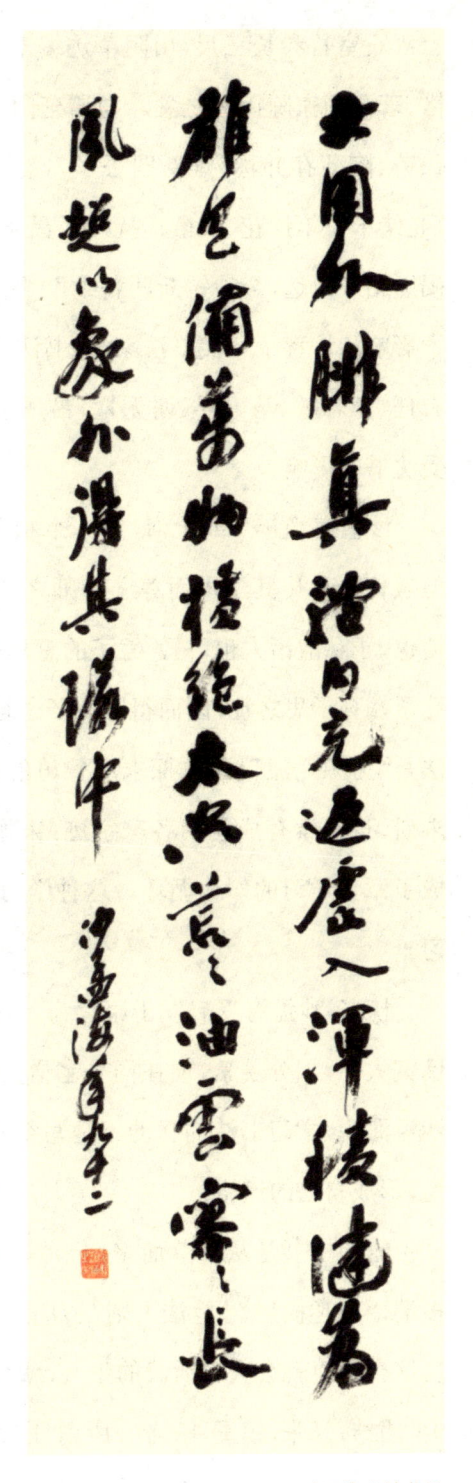

沙孟海书法作品

上:"石室竹卷长三尺,山阴草迹编千文"。有陈散原(国学大师、历史学家陈寅恪、著名画家陈衡恪之父。与谭延闿、谭嗣同并称"湖湘三公子";与谭嗣同、徐仁铸、陶菊存并称"维新四公子",有"中国最后一位传统诗人"之誉)、冯梦华(光绪十二年探花、安徽巡抚)、吴昌硕等39人题跋。乙联写在五尺宣纸上:"岑碣熊铭入甄选,金沙锈断肋薪纸"。题跋者有马一浮等16人。沈曾植的书法艺术影响和培育了一代书法家,为书法艺术的复兴和发展做出了重要贡献。如于右任、李志敏、马一浮、谢无量、吕凤子、王秋湄、罗复堪、王蘧常等一代大师皆受沈书的影响。

沙孟海当年一到上海,第一个私淑的就是沈曾植(私淑是指未能亲自受业但敬仰并承传其学术而尊之为师之意,得之于《孟子·离娄下》"予未得为孔子徒也,予私淑诸人也"语。孟子的意思是说他未能亲受业于孔子之门,但就学于孔子嫡孙子思之徒,因而得闻孔子之道,并以之善沿其身)。但沙孟海学习的方法是"穷源竟流",即去探求沈曾植的根:沈曾植→黄道周→钟繇→索靖,再访求研习钟、索有成就的各家字迹:宋僧→李公麟→宋克→黄道周→沈曾植,形成了章草学习的一个循环。这种学习方法才能真正出大师,实在值得后人学习。

榜书,沙孟海受启发于康有为。到上海后他看到康有为在上海多处所写的擘窠大字,十分羡慕,便在同乡老僧安心头陀介绍下拜访了康有为。康有为对沙孟海说,学习书法的目的不是写得和古人一模一样,关键在于学习中融会贯通,形成自己的风格。

他的榜书是从章草而来,一是讲究"专用方笔,翻覆盘旋",二是讲究变化多端,"奇趣横生"。笔法上则在力度、厚度和速度三方面下功夫,认为失去了速度这个因素就会失去活泼的生气,就会有"涩笔"之弊。在布局上,主张善变,讲究"团结、开张、镇重、跌宕",所谓"团结",即是集中;所谓"开张",即是放纵;所谓"镇重",即是凝静;所谓"跌宕",即是运动。所谓"善变",即是这四个方面的有机结合和自由发挥。

　　沙孟海由此出发，形成了沙氏体的榜书。其特点为：

　　一有造型结体之美。美在"既能险绝，复归平正"，将浑然天成的古拙苍雄发挥到极致之时。如"金石寿"三字即为代表作。书法家唐飞天对此有一个文字优美而精确的评价："金"字于平正中稍有欹侧，其捺脚飞扬，"石"字略小，左撇稍长，而"寿"苍劲有力，如百岁枯藤。通览这三个字，于平日所见匾额中方正之字不同，它在不稳中求稳，一字虽斜，而与其他字相互呼应，实则正也。画诀中曾有云"树木正，山石侧；山石正，树木侧"，书理当与此相通也。"金、石、寿"三字大小各有不同，正如山水之中必有主峰，书法亦有主笔，让迎

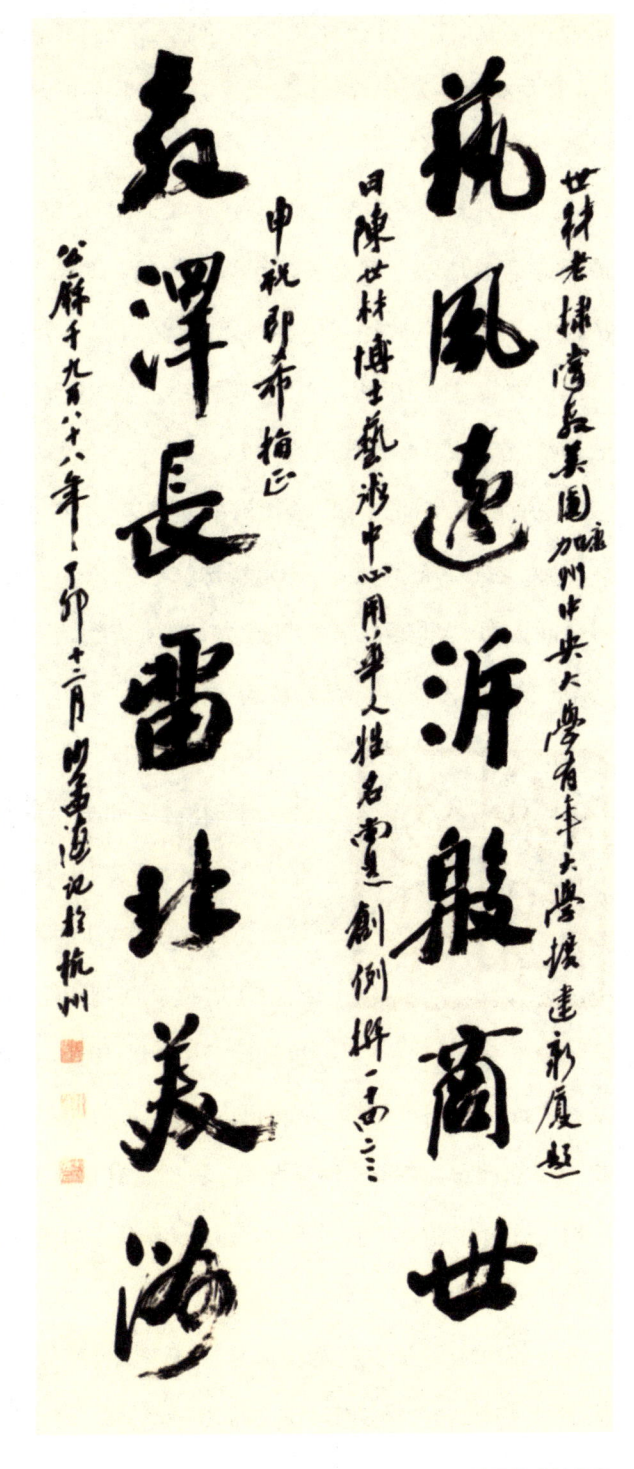

沙孟海书法作品

拱向，合为一体。章法有大小，小如一字及数字，大如一行及数行，榜书相对而言，有不少是匾额之作，字数无多，多趋于平正，但也须有相避相形，相呼相应之妙。

二有刚柔相济之美。刚，不是一味地用劲，而是通过柔衬托对比出来的。沙孟海的笔画是以方笔见长，笔笔刚劲，金石味十足。然细看其转笔，以圆笔相济，润不僵硬。以此用柔笔相衬，"筋、骨、肉"三者就有机组合了起来，刚笔显出了浑厚大气，庄严肃穆，有了一掣万钧之力，达到了至大至美的最高之峰。其代表作为"宁静致远""秋风戏马"。

三有品格气韵之美。沙孟海书法是表，中华文化的功底是里，书为心画，里深表强，笔笔气格高尚，字字意境深藏。

沙孟海其擘窠榜书气势宏大、点划精到，富现代感，以气胜，且越大越壮观，最终被誉为"海内榜书，沙翁第一"。

沙孟海篆刻作品

篆印。"学书不学篆，犹文家不通经也。"（李瑞清语。李瑞清，字仲麟，号梅庵、梅痴，近现代金石大师，张大千、吕凤子、胡小石均出其门下）。研究沙孟海的学者戴家妙说："沙孟海一生治印可分为四个阶段：自少年时代喜欢刻印至1922年离甬赴沪之前，为起步阶段；1922年10月至1928年春离沪赴杭之前，为篆刻生涯中之精进时期，取法日广，转益多师，面目渐成；1928年至中华人民共和国成立前夕，游幕与治学相兼，篆刻之艺则入成熟时期；中华人民共和国成立后至20世纪60年代前后，人印俱老，渐入辉煌时期。晚年，除偶尔应酬友朋之外，不多治印了。"

沙孟海先生7岁就从父亲学篆书刻印，家里的《会稽刻石》《峄山刻石》由他学习，再学吴大澂篆书《说文部首》《孝经》《论语》，他入门时师法对象是赵之谦和赵叔孺两家。赵之谦曾经赠他《滨虹草堂藏印》一部以为勉励之意，其弟子

西泠印社

　　吴泽与沙孟海为知交,可以说,"二赵"之印风对沙孟海的影响是贯其始终的。但1922年冬他又见到吴昌硕,拜吴昌硕为师,这让他的篆刻又升一层,在原有雅妍的面目中又注入了峻拢之气。他在吴昌硕家又结识了正在教授吴昌硕先生孙子的王个簃,得王个簃这个金石大家的指导,这也给沙孟海的篆刻带来了精美的气息。就印学理论而言,1928年具有印学上开创性的一文《印学概论》,已奠定了沙孟海在篆刻史上的地位。1987年出版的《印学史》,则为他的篆刻及书法造诣更加上了重重的一笔。

　　在1983年西泠印社成立80周年纪念会上,沙孟海再发新的观点,对"金石"与"篆刻"这两个历来被印学界所混淆的概念做了澄清:"印学、篆刻学的形成,是近六百年的事。搞这门艺术的怕别人笑话它是'雕虫小技',所以篆刻家往往依托金石学中也研究古代印章的牌子,自以为金石家。实质上,宋以来所称为金石界学,主要是指研究商周铜器和历代碑版之学,与篆刻仅有极小部分关系,并不等同。金石学是史学、考古学方面一门学问,篆刻学是美术方面一门

沙孟海书法作品

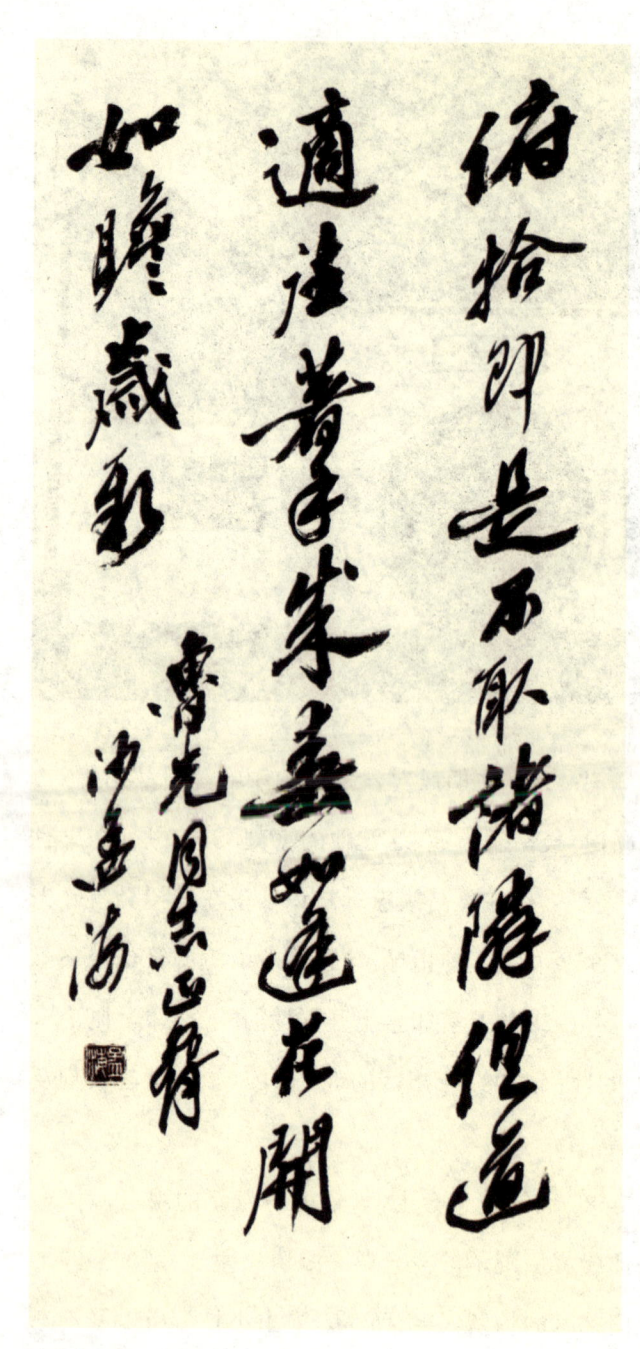

学问，两者虽有联系，但不是一物。现今社会上还有人混为一谈，甚至大专学校设置课程也还有把篆刻课标明为'金石'的。篆刻学是一门独立的艺术，有它自己的学术地位，不需要再顶金石家的'老招牌'。"此话一出，对印学发展推动了一大步，当然引起学术界震动。经认真思辨，大多数同志都认可了他这一说法。

沙孟海存世篆刻作品约530方。作于沪上期间的约有290来方，占其总数近半以上，可谓创作旺盛期。其中，1925年就刻了150余方印章。另据《日录》所记还有约215方印作散失。合计治印总数约750余方。就这个数字，沙孟海一生在印上的创作也是前无古人的。

楷书。1986年4月，沙孟海夫人包稚颐病故，享年81岁。沙孟海悲痛万分，写下挽联：

三十载学理论，躬行不惑；
半世纪共生活，履险如夷。

　　同月，沙孟海也因腿骨骨折住院。就在住院期间，国学大师王国维的故居就要建成，王国维先生的弟子、在上海华东师范大学任教的金石学专家戴家详写了一篇王国维墓碑记，由在上海医大工作的王国维的六公子王登明写信，请沙孟海书写墓碑记。这一千多字的径寸端楷，沙孟海先生用三个小时一气呵成。87岁的人了，下笔刚健，气势如虹，此作实为沙孟海先生楷书的代表作，此事也足以与明代书画家、文学家文徵明九十岁犹能写蝇头小楷的轶事相媲美。

　　沙孟海先生的同乡前辈梅赧翁写"二王"字最有名，书法界推为清代第一。沙孟海便特别留意这位前辈留在宁波的墨迹，如此学了"二王"字五六年。在沙孟海二十岁时，他就在沙村老家屋后围墙上写了魏体的楷书"养云"（现存宁波沙孟海书院）。这样说来，沙孟海最早的书法作品就是楷书了。

　　沙孟海楷书自"二王"而来，更是由"二王"出发，研习与"二王"有关的楷书大家而成。研究沙孟海的学者认为，沙孟海书法的第一阶段是以精严细整的中小楷书驰誉书坛的。在1936年（民国二十五年），当年他37岁就写过《陈君夫人墓志》，现已为经典之作。他1947年写的《修能图书馆记》，也同样是一篇楷书精品。顺便一说的是，不要认为"二王"就是行书，"二王"的楷书也十分漂亮。如王羲之小楷《黄庭经》，共计60行，1200余字，运笔流畅，结构完美，展现出王羲之楷书"用笔圆浑，中段丰实，体势平正中寓有姿态，结构上字皆自然"的风格。"二王"的楷书在结字上笔势流畅、起止舒展、同字多变、轻灵飘逸，布局上则错落有致、不激不励而风规自远，只是他的行书名气太大，把他的楷书名气大大淹没罢了。

沙孟海在《中国书法史图录》中将楷书分成四类：

第一，平正和美一路。从"二王"出来，以智永、丁道护为代表，下开虞世南、殷令名。

第二，峻严方饬一路。从北魏出来，以《董美人》《苏慈》为代表，下开欧阳询父子。

第三，浑厚圆劲一路。从北齐《泰山金刚经》《文殊经碑》《隽敬碑阴》出来，以《曹植庙碑》《章仇禹生造像》为代表，下开颜真卿。

第四，秀朗细挺一路。结法也从北齐出来，由于运笔细挺，另成一种境界，以《龙藏寺》为代表，下开褚遂良、二薛。

以上四种，第一、二两种属于"斜画紧结"的类型，第三、四两种属于"平画宽结"的类型，承前启后，迹象显明。

他对楷书的重视，可见于给浙江美院刘江教授信中的第二个意见："听说全国书展正楷极少，我们对正楷功夫应加以重视，是否各人就魏晋南北朝隋唐时代典型作品中选取一二种经常临习，这也是基础。"

他对楷书的重视，也表现在他对楷书与正书关系的看法上。他给郁重今先生题字时就写过一个故事："前人都能正书而后草书，盖二法不可不兼有。正书端雅庄重，结密得体，若大人冠剑，俨立廊庙。草则腾蛟起凤，振迅笔力，颖脱豪举，终不失真。所以齐高帝与王僧虔论书，谓：'我书何如卿？'僧虔曰：'臣正书第一，草书第三；陛下草书第二，而正书第三。是臣无第二，陛下无第一。'帝大笑。故知学书者必知正草二体，不当阙一。"

也许是因为敬重颜正卿的为人，在楷书（也不止楷书）上沙孟海最推颜体。他说："要写大字，非用颜法不可！""颜真卿书法是综合500年来雄浑刚健一派之大成，所以独步一时，绝不是空中掉下来的。""以颜真卿传世的个人作品论，各个时期的面目差别极大，风格亦多样。像他这样的大手笔，其书所展现的'清新博大'气势，是与他的出身、经历、学问、气节等等，处处有着关联。""颜真卿是我国书法史上一位继往开来具有支配力量的书法大家。在他以后,如柳公权、杨凝式、蔡襄、苏轼、黄庭坚……一系列的各时代名家,多是学颜出身。"沙孟海自述:"三十岁左右,我喜爱颜真卿《蔡明远》《刘太冲》两帖,时时临习,颜又有《裴将军诗》,或说非颜笔,但我爱其神龙变化。"可以说颜字对于沙老"雄强狂放,重墨大笔"风格的形成起了至关重要的作用。

行书。沙孟海的行书也是宗法"二王",由"二王"出,再由北碑方笔入行书,常常侧锋取势,迅速爽利,锋棱跃然,线条浑厚朴实,但又极尽变化,具有阳刚之美的特色。他的行书作品极多。1981年沙孟海为王右军祠大堂正中王羲之圣像之旁,写行草书七言对联一副,更是绝品:"毕生寄迹在山林,列坐放言无古今"。落款是"兰亭楔帖旧句,沙孟海年八十二"。此联集《兰亭序》字,上联写王羲之一生纵情山林之潇洒,下联写曲水流觞、畅叙幽情、无所顾忌之真情。此情此联,悬挂于此真是最合适不过。

晚年沙孟海多次参与兰亭雅集,参加中日书法交流,所以多次书写过《兰亭序》。其所写《兰亭序》所据版本既有324字的王羲之《兰亭序》,也有135字的《世说新语》刘孝标注引王羲之《临河叙》。1987年中日兰亭书会当年及以后几年,沙孟海先生还以孙绰《兰亭后序》为内容创作了不少书法作品。沙孟海的行书以"力"造形,以"势"成气,着力于重墨大笔、雄浑恣肆风格的创造,形

晚年沙孟海(左一)多次参与兰亭雅集

成了自己独特的"沙体"。

隶书。1983年,沙老在兰亭雅集上写的"一日千载"四个隶书,让人眼睛一亮,因为沙老是很少写隶书的。沙孟海隶书当然是写得很好的,但他更主张把隶体融入各种字体当中。如他评说清代尤精篆隶的书法家伊秉绶时说:"他也用隶的方法来写颜字。用隶的方法写颜字,真是师颜之所师。"

除了书体,在书法和学术的其他方面,沙孟海也多有建树。

如执笔。《古录》说:"笔有四德:锐齐圆健。"《考集余事》也说:"制笔之法,以尖齐圆健为四德。"其实,笔德还要加上一个,那就是经久耐用,这样笔就有五德了,具有五德的笔就是好笔。那么有了这么好的笔,我们应如何去执或说握呢?沙孟海说:"今天我们的执笔姿势是积累历代祖先的经验,特别是宋以后应用高案高椅,坐式不同,执笔姿势自然而然相应地改易,今天的姿势可说是适

沙孟海书法作品

应今天生活用具的一种进步形式。我们学习书法,必须明白这个道理,破除迷信,不需要也不可能回复到古代生活,追求古代执笔方法。如果认为依照古代执笔姿势才会写出好字来,那就是错误的。我们要问,这么长的历史时代,生活用具已多演变,高案高椅逐步应用了,坐的姿势自然有所不同,说人们写字执笔的方式始终如一,有可能吗?""今天我们通用的执笔方法,可以说是积累了历代祖先的经验,适应高案高椅,用来写中、小字的一种比较贴切的形式(题榜大字又作别论)。如果认为从古以来执笔方式就是这样,或者认为今天我们把钟、王等人执笔方法学到手就能解决书法上的一切问题,那是错误的,没有历史观点。"沙孟海自己执笔根据所用笔都不一样,有时就如执铅笔、钢笔一样,所用毛笔,也有长杆、短杆不同,皆是以书写方便为准的。

如临摹。沙孟海的见解是,学习绘画,主要是师法造化,临摹画谱犹在其次。临摹是"流",不是"源"。学习书法,情况却不同。除临摹古代名迹而外,一般说来,没有其他方法。所谓继承传统,就是要我们吸收古代名迹的长处,在摹习基础上孕育变化,开创新风格。离开古代名迹,便难以下笔。

如临碑。沙孟海先生明确指出,明代以前习字范本主要是帖。清代中期以后,金石学大发展,新发现的汉、晋、南北朝石刻极多,其中确有"神品"、"妙迹",这时书法界有了新的追求,开始厌弃"帖学",崇尚"碑学"(帖学、碑学的名称是后起的),著名书家邓石如便是得力于碑的,被推为清代第一。这时候有了"北碑南帖"的说法。清嘉庆、道光时的阮元著文《南北书派论》《北碑南帖论》,提出正书、行草可分南北两派:南派由钟繇、卫瓘传给王羲之、王献之……智永、虞世南;北派由钟繇、卫瓘传给索靖、崔悦……欧阳询、褚遂良。他又说北派书家长于碑榜,南派书家长于启牍。但他更同意康有为的观点,其实是碑中有帖,帖中有碑。他还认为,写与刻是两道手续。字经过刻,不论是书丹或摹勒,多少总有些差异,有的甚至差异极大。学碑,必须估计到当时刻手优劣,才不会上当。因此,他在谈到临碑文时,提出应向书法家启功学习:"启功先生的'学书别有观碑法,透过刀锋看笔锋'是很有见地的临碑法。"

如书法教育。1980年6月,浙江美院五位研究生的书法展在北京开幕并举行座谈会,沙孟海患了膀胱癌,到北京就医。他没法参加座谈会了,便给刘江教授写了一封信,对青年书者的培养谈出五点深刻的看法:

刘江同志:

我因患膀胱癌来北京就首都医院诊治,估计暑假前不能回校,深为抱歉,鉴于此次全国书展于座谈会的倾向,书法篆刻应重视传统,这与我们平日主张是符合的,说明群众意见是正确的。现在我对五位同学(注:朱关田,王冬龄,祝遂之,邱振中,陈振濂)学习研究上想到几点小意见:

1. 抓小篆。对小篆的形体结构,必须加一番切实功夫,及早打好基础。我上次建议做《篆诀》注释,或可着手进行。五人同往或逐段分工,可商量一下,这工作可包括暑期在内。

2. 听说全国书展正楷极少,我们对正楷功夫应加以重视,是否各人就魏晋南北朝隋唐时代典型作品中选取一二种经常临习,这也是基础。所谓典型作品,应将刻手不佳的碑版除外。刻手不佳的碑版非无可以取法之处,但只供参考,不作为正式临习对象。这也许是我的偏见。

3. 一般书人,学好一种碑帖,也能站得住。作为专业书家,要求应更高些。就是除技法外必须有一门学问做基础,或是文学,或是哲理,或是史章传记,或是金石考古……当前书法界主张不一,无所折中,但如启功先生有学问基础,一致推崇,颠扑不破。回顾20年代、30年代上海滩上轰动一时的人,技法上未始不好,后来声名寂然,仅是缺少学问基础之故。这点我们要注意。

4. 学问是终生之事。学校规定研究时间只短短两年,希望在两年中打好坚实基础。一方面多看多写,充分了解字体原委变迁,博取约守,丰富自己创作的源泉。另一方面还必须及早学会阅读古书能力,查考古书能力。这里所谓古书,

正在进行书法教学的沙孟海

不仅仅限于直接有关书法的书。阅读能力,请听听章祖安先生的意见。查考能力,我感到最好注意"目录学"。康南海勉励后生做学问,先看看张之洞《书目答问》(此书标名张之洞,实是缪荃孙代笔)。各位如有兴趣,也不妨看看《书目答问》,全面了解古书类目,对今后做学问有不少帮助。

5.凡为学问,贵在"转益多师"。各位研究学习,第一要虚心。我们几个人多少有一日之长,趁现在集处一堂,可以共同研讨,同学之间也各有短长,可以互相切磋。第二要有大志。常言道"抗志希古"(古是指古人的长处),各位不但要赶上老一辈,胜过老一辈,还要与古代名家争先后。潘、陆二先生创办这个专业,有远大的理想,可惜他们已不在人间。现在书法专业只我们一校,国家赋予的任务甚重,我们要特别珍重。

以上意见是否妥当,请你和诸先生指正!

我因病床还未补上,在家等待,大约明后天可住入。驰想南天,家书代面,信手拾牍,只供参考。

此问各位先生各位同学近好!

沙孟海 6 月 15 日

宋繁明調集眾芳南華徽旨賴張皇蕭蕭掃盡千穢葉絕代聊自世德堂中年覃學詩商量江海飄雲頗未償猶有家山如畏壘憑誰尸祝到康桑

癸亥八月 沙孟海

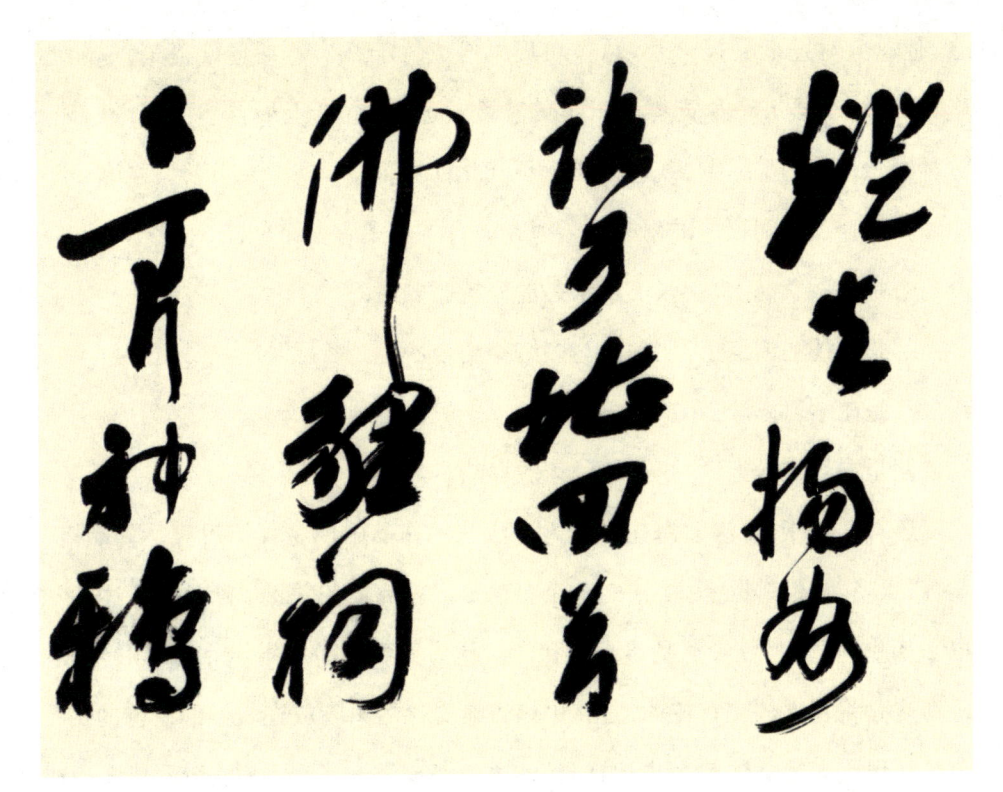

沙孟海书法作品

　　如继承与基础。沙孟海是最强调学古的。他在美术学院纪念他九十华诞座谈会上讲:"学习书法,除了取法古人书迹之外,更无其他范本。主要在古人好作品的基础上积累功夫,自然而然酿成自己的新风格。各人取径不同,面貌也不同,形成百花齐放。"他还举自己为例说:"同学们在学时,第一打好基础,基础越厚越好,一生受用不尽。如我年龄,还在打基础,我不轻易谈创新。"

　　如现代性。沙孟海不轻易谈创新,但却在追逐现代性。沙孟海书法的现代性,一是体现在他书法的三大特征中。浙江省书协沙孟海研究会副秘书长郑利权在《多维视野中的沙孟海》一文中说:"(沙孟海)作品形式中刷扫、涨墨、空间占领这三大特征,使他的书法充满了现代感。"

　　沙孟海书法的现代性,还在于他强调书法的写意性与书写情境的营造。这些,只可意会,难以言传,但只要看看沙孟海的大字创作过程,就特别会有体会：他总会对宣纸凝视一番，总体布局早已成竹于胸。然后运气提笔，笔随心走，字就一个接一个如同雾里云里的苍鹰一般，在宣纸上最自然的地方出现。这种写意性，是把中国传统艺术带入现代化的典范。

如教育。郑利权总结出来沙孟海在教育方法上有四个创新：

一是在做学问上，主张实事求是的分析比较法；

二是在技法训练上，要理解与多练相结合；

三是在学习方法上，主张重点突破，举一反三；

四是在教与学上，主张平等讨论的办法。

还有学者指出，沙孟海先生认为书法艺术作品中由主体情思表达的品格、学养、天资、情性等因素，是决定一个书法家成就高低的关键。沙孟海评述某一书家历史地位的界定，总是将品格和学问作为重要的衡量指标。对学书者，沙孟海也是将育人放在首位的，是将中国古典文化的熏陶放在教学的首位的。

从现代高等书法教育史的视野，沙孟海诸老奠定的既重传统、重基本功训练又充分注重并发扬中国书法的艺术性及其人文精神的教学思想，经过数十年发展形成了"国美教学模式"，对当代高等书法艺术教育产生了巨大的影响。

第五章

余韵不绝

YUYUNBUJUE

"书法艺术以神采为首要,但离不开形质。形质和神采是辩证的统一体,只有兼而有之,不仅具有美观的外形,更有充实的精神内涵,才能形神俱融。要达到这境界,不仅需要经过艰辛和长期不懈的努力,而且还需要借助于字外的学问修道。"这是对后人的提醒,更是沙孟海一生的写照,是成为一代宗师的路径。

第一节

了却夙愿

1979年之后,也就是沙孟海80岁之后,各种荣誉纷至沓来。

1980年,香港《书谱》杂志出版了《沙孟海专辑》;沙孟海被任命为浙江省博物馆名誉馆长。当年当选为中国美术家协会浙江分会副主席。这年他写出《中国书法史图录》《书法史上若干问题》《印学形成的几个阶段》等著作;1981年5月赴北京出席中国书法家协会第一次代表大会,舒同当选为主席,赵朴初、沙孟海、启功、周而复、林林、朱丹和陈叔亮7人为副主席。著《古代书法执笔初探》《章太炎篆书千家文前言》《吴昌硕先生的书法》等。1982年1月,中国书法家协会浙江省分会成立,沙孟海当选为主席。这一年,在风光最盛

沙孟海先生

之际，他想到的是他的族弟沙耆。他想为他举办一个画展，了却他一个夙愿。

沙耆，就是到了现在，可能还有好多人并不熟悉这个名字。他现存画作有千余幅，其中20世纪30年代的油画拍卖价已到百万元以上。

沙耆，与沙孟海同村。由沙孟海家出来，就着一条便道，从坡上而下，不到一百米，就是沙耆家。

沙孟海是自己走出了小山村，最后带出了全家走进了大城市；沙耆则是父亲沙松寿先走出了沙村，又回故乡创办了一片让人可歌可泣的业绩。沙孟海的父亲去世早，沙孟海与四个弟弟均得到沙耆父亲的照看。

那年瞎眼算命先生到了沙村，连呼这地方日后必出人才，现在看来，他说的人才，除沙孟海一家五兄弟外，沙松寿与沙耆父子也应当是在其中的。（再大一点范围说,邻村童村出的童第周院士也可算一位。)

沙松寿(1860年~1940年)与中国商界巨子竺梅先(1889年~1942年)共事终身的故事,本身就十分动人。竺梅先(1889年~1942年),学名炽潮,字佑庭,浙江奉化长寿乡后竺村(今属萧王庙镇)人。13岁去上海何源通五金杂货铺学业,辛亥革命时加入同盟会,曾组织蓝十字军,参加光复上海之役。后受命去长春秘密组织救国会,事败被捕,途中逃脱回了上海。他在上海创办了民生工艺厂、一新印刷所。沙松寿是竺梅先的浙江老乡,又博学多才,尤工书法和中国画。国民政府首届立法委员、导淮委员会副委员长庄崧甫府中的厅堂里,就挂着沙松寿创作的《耄耋富贵图》。这样,双方在相识后,竺梅先就聘请沙松寿来帮忙打理工艺厂。竺梅先没有看错人,这个擅书画的沙松寿做起管理来也十分在行。1937年竺梅先又到杭州开办了民丰造纸厂,沙松寿出任厂里的总务主任。

1938年淞沪之战爆发,上海全面沦陷,大批孤儿流落街头。竺梅先一下收容了600余名儿童。他在浙江奉化东部泰清山上利用废弃的泰清禅寺,办起了国际灾童教养院。教养院的先期修建工程,就由沙松寿负责。

同年9月,孤儿们从上海出发,第二天到达鄞县横溪镇,再行走10公里,到了教养院。教养院以竺梅先为院长,夫人徐锦华为副院长,沙松寿为总务主任。

沙松寿写信给年仅22岁当过小学教师的儿媳孙佩君,也请她来教养院工作。孙佩君欣然前往。

孙佩君是1936年冬与沙松寿的独子沙耆结婚的。

由前文我们知道,沙耆原名叫沙引年,与沙孟海的五弟沙文度在上海美术专科学校为同学。当时沙耆也参加了革命活动,也被当局逮捕,家里花了大钱才把他保了出来。当时沙孟海的三弟沙文汉、陈修良夫妇在日本,沙耆家就通过沙文汉夫妇之手,把沙耆的信件从日本再转回国内,给当局造成沙耆已到了日本的假象。而这时沙耆正隐藏在沙孟海家里。当时沙孟海在交通部任秘书,

Sha Menghai 沙孟海

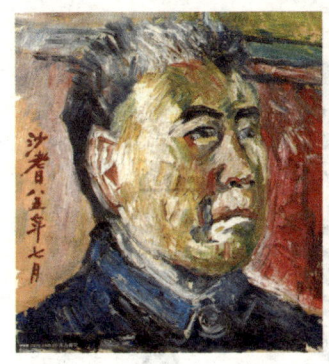

沙耆自画像

沙耆绘画作品《春郊十七骏马图》

他活动一番后,将沙引年改名为沙耆,与沙文度一同送到了南京中央大学艺术系徐悲鸿处当了旁听生。很快沙耆与沙文度都成为了徐悲鸿的得意弟子。徐悲鸿曾对沙孟海说:"你的两个弟弟都不是我的正式学生(同为旁听生),但两人的画技都比我的正式学生还要好。"1937年春,在徐悲鸿的推荐下,沙耆去了比利时皇家美术学院留学。徐悲鸿的眼光没有错,沙耆在比利时也得到了认可,他成了学院院长——新写实派画家白思天的门生,由此进入了他艺术生涯的第一个鼎盛时期。1939年沙耆从比利时皇家艺术学院毕业,创作的油画也获得了"优秀美术金质奖章",是历届中国留学生中的第一个。1940年沙耆与毕加索等世界级画家在比利时首都的阿特利亚蒙举办画展,一举成名。但可能是因为创作和办展太累,画展结束后他竟出现了精神错乱现象。不过这次发病很短暂,治愈后他的画技突飞猛进。1940年5月,德军占领比利时,但就在这么困难的时期,沙耆却奇迹般地在比利时、法国、英国等地不断地举办画展,他在战争中成为欧洲的顶尖艺术家,其画作《吹笛女》被比利时王太后伊丽莎白亲购收藏。

沙耆在外面奋斗,妻子孙佩君却一人留在了老家这个偏僻的小村,生下了儿子。她的生活不免寂寞。

在这个时候她收到了公公的信,当然十分高兴。她成了教养院小学部数学教师兼全院文娱活动总教练。她除教数学课,还满腔热情地投入抗日救国宣传活动;她组织抗日歌咏队和文艺宣传队,不但搞活了院内的文化生活,还到附

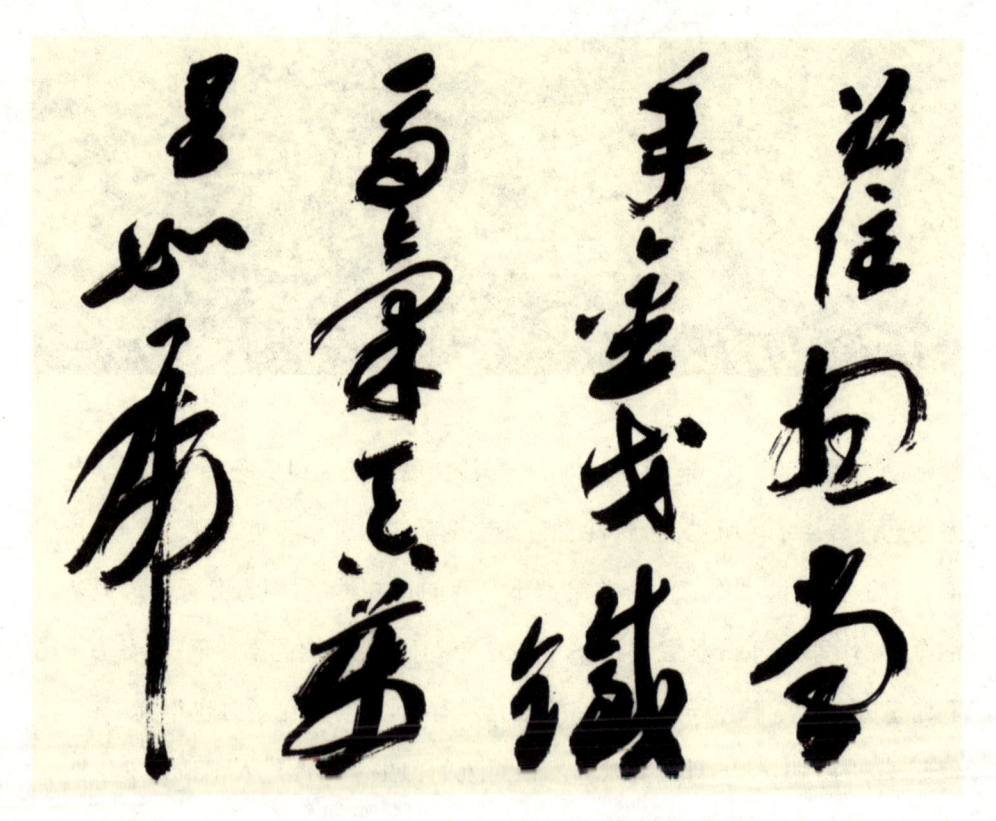

沙孟海书法作品

近各乡、村演出。她常常受到竺梅先院长的表彰。

1940年7月下旬,沙松寿去世。1941年5月,日本军侵占了奉化县城。1942年5月31日竺梅先病逝。一连串接踵而来的变故,让教养院无法维持下去了。这时孙佩君对竺梅先的夫人徐锦华说,她认识了沙孟海的三弟沙文汉及夫人陈修良,他们都是共产党,可以帮助我与一批年纪大一点的孩子去延安。徐锦华同意了。1943年7月的一个清晨,孙佩君带着沈长根等30多名穿着白衬衫和背带蓝短裤、胸上别着闪闪发亮的"国际灾童教养院"院徽的院童,踏上了去延安的道路。她临行前,将珍藏了十年的一幅《双猫图》交给婆婆保存。她,这是把自己的一颗心血藏了起来呀!

这幅《双猫图》是她与沙耆的定情之物。1935年春夏之际,还是南京中央大学艺术系旁听生的沙耆,约孙佩君去参观老师徐悲鸿的画展。在展会上,孙佩君对这幅《双猫图》特别喜爱,在画前久久不愿离开,沙耆就说要把这幅画买下来送她。但这幅画标价实在太高了,而沙耆还只是一个学生,是没有多少钱的。想到这些,孙佩君便恋恋不舍地拉着沙耆离开了。然而没过几天,沙耆竟兴冲冲地带了此画来找她,并向她求婚。她惊讶地问:"钱是哪里来的?"沙耆说:"是向孟海兄借的。"面对这样把心交给自己的男朋友,她答应嫁给他。1936年4月他们在杭州结婚。后来,他却一走数年……现在,她,也要把他的心放在老家,只身走了……

1946年,沙耆十年留学回来了。他带回了自己的百余幅写实主义的作品,还有满身的光环——与毕加索同台展览而震惊了西欧画坛的中国人。

回来时,发生了两件事给他以很大打击。一件是他回到上海港时,随身的东西不见了;第二件事是,回来后,发现妻子与儿子也不在老家了,他们去了解放区。这样,他的精神病复发了。

当时北平艺术专科学校(现中央美术学院前身)校长是徐悲鸿,学校里汇集有吴作人、齐白石、李苦禅、董希文、李可染等大批画坛名家和巨匠。听到沙耆回国了,徐悲鸿马上邀请他来校担任"西画教授"。在当时的艺专,西画教授只有三位,一位是徐悲鸿本人,一位是吴作人,还有一位就聘请了沙耆。只是沙耆病了,没法到任。徐悲鸿还为他保留了一段时间的职位,每月发去"薪俸"。但沙耆最终没有去成艺专,而是待在了故乡沙村。他给孙佩君写信。在解放区工作的孙佩君回不来了,只能想办法让儿子回到了他身边,沙耆见了儿子的第一句就问:"你妈妈为什么不回来?"

沙耆从此深居简出,渐被人忘。但他以"为民族而艺术"和"君子以自强而不息"的精神,仍在不停地创作。在自己家院里的砖墙上,住宅的木板墙上,还有油布上,沙耆心随笔走,人疯神不疯,创作的油画别有才气。

1952年,欧洲一个艺术代表团访问北京,向周恩来总理称赞起中国人沙耆当年在欧洲表现出的艺术水准。周恩来当时也不知道沙耆是谁,接见结束后,周总理马上向徐悲鸿打听,才知道了沙耆的经历与造诣,知道他一直在沙村与母亲为伴。周总理马上就让办公室人员通知浙江省统战部,每月给沙耆拨发生活费用,并送他去医院进行治疗。

1962年,沙孟海担任浙江省博物馆历史部副主任,他动员沙耆的母亲,把沙耆的作品捐给省博物馆。沙耆母亲捐赠的作品中就有这幅《双猫图》。沙孟海一是想把沙耆的作品永久保存下去,二是想办一场沙耆的作品展,把他推荐给中国观众。然而这个想法因为"四清"、"文革"等系列运动而搁置。到了1983年,这个念头又浮上了沙孟海的心头。这时他的职务已是浙江省博物馆名誉馆长、中国美协浙江分会副主席、中国书协浙江分会主席。为沙耆办展的时机成熟了。

1983年5月18日,由浙江省博物馆、浙江美术学院和中国美术家协会浙江分会共同举办的"沙耆画展"在浙江文化会堂举行,展出了沙耆早年旅欧时的五十多幅油画。沙孟海为画展题词,吴作人题画展名,刘海粟等送来了花篮。法国、比利时、日本等驻上海领事参观画展。沙耆这些画作多以欧洲神话中的裸体美女和英雄为题材,把欧洲文艺复兴的象征主义风格尽情展示在观众面前。在这些西方的艺术形象中,他又加入东方女子的特征,采用东方神话题材的处理手法来处理,实践出了一条中国美术的创新之路。沙耆画展,既用裸体冲击着刚改革开放的中国人的保守观念,也用中西结合的艺术手法给中国艺术家以启迪,当即在杭州引起强烈反响,之后又被引到上海、北京等地展出。展览结束后,沙耆被聘为浙江省文史馆馆员和上海市文史研究馆馆员。沙耆,由此又进入创作的第二个鼎盛时期。他还是回到了乡下研究绘画艺术。沙村的许多人依然记得,沙耆流连在村边的湖畔、乡间的山坡之上,脸上浮现着孩童般纯真欣然的笑容,随时随地会抓起笔,不管有没有颜料,不管怎样的材质,奋笔作画。进入90年代,沙耆的画风幡然一变,集印象派、野兽派、表现主义和抽象主义之大成,自出机杼,创造出了一幅幅炫人眼目、震人心魄的杰出作品,展示

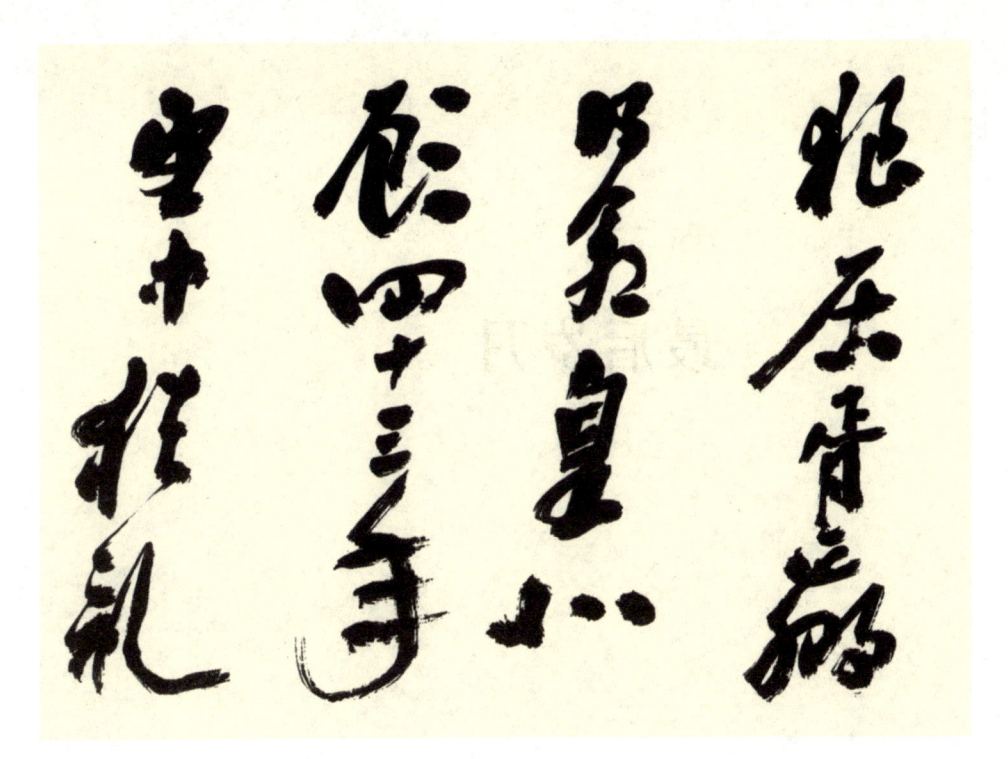

沙孟海书法作品

了沙耆卓越的才华。1998年由中国油画协会、中国美术学院研究学部和台湾卡门艺术中心联合主办的"沙耆油画艺术研讨会"在上海和北京举行。1999年大型画册《沙耆画集》由台湾卡门艺术中心出版发行。2001年"沙耆七十年作品回顾展"在中国美术馆、上海美术馆和台北历史博物馆展出。2004年"中国当代美术名家系列作品特展(油画篇)生命之光——沙耆90华诞艺术回顾展"在浙江博物馆、浙江西湖美术馆展出……沙耆,在生前就得到了他应得的荣誉,他以"中国凡•高"的名誉登上中国现代画坛。2005年2月15日10时10分,他在上海田林医院病逝,享年91岁。2006年5月29日上午10时,《著名油画大师沙耆先生纪念像揭幕暨骨灰安葬仪式》在上海福寿园举行。

　　这时,了却了最后心愿的沙孟海先生已在他之先,于1992年10月10日去世。10月10日与10点10分,这数字不是巧合,而是隐喻,从沙村走出来的艺术家,两人的心是贴得那么紧,感情是那么深!

第二节

最后岁月

沙孟海的晚年是乐呵呵的。

1985 年,杭州电视台为沙孟海拍了电视专题片《笔歌墨舞》。1986 年,《沙孟海写书谱》由上海书画出版社出版。7 月,他当选为浙江省考古学会名誉会长。9 月 30 日,沙孟海、沙更世父子书画展在浙江省博物馆文澜阁开幕。11 月,浙江电影制片厂为沙孟海拍摄影片《书法家沙孟海》,片名由赵朴初题写。百年老店邵芝岩笔庄特为沙孟海制作一枝用马毫、羊毫、麻丝夹制成的、笔头直径 10 厘米、长 21 厘米,全笔重达 4 千克的毛笔。沙孟海在地上铺了 4 平方米的宣纸,移步挥毫,在 87 岁的高龄,再次"耕"出了个擘窠大字"龙"。因为是拍电影,人们才看得细致,发现这个超大巨书写得真

沙孟海笔"耕"不缀

不容易,要讲步法,要有腰力、臂力,还要讲运转技艺。尤其是最后一点,沙孟海用尽全力,将最后一点撇出去时,人随笔走,笔沉带风,惯性让他险些跌倒,幸被工作人员及时扶住。这又是一气写完,沙孟海乐着说,我又"耕"出了一个大字。样片出来了,他更乐了,说:"我写了一辈子字,还从来没有看到过自己怎么写字,今天总算看到了。"

这一年,他还主编了《中国新文艺大系(1976~1982)书法集》,与朱关田共撰其导言。

1988年,沙孟海连任西泠印社社长。1989年,他1928年所著《近三百年的书学》一文,由杉村邦彦、松村茂树翻译成日文在日本《书论》杂志上发表。1989年12月,台湾《印林》杂志第10卷第6期发表了《沙孟海专辑》。1990年,浙江美术学院特授予他建院以来第一位终身教授的荣誉称号。

1991年11月27日,"沙孟海书法展"与"黄宾虹绘画展"在香港中国文物展览馆开幕。1992年4月24日,沙孟海应邀出席位于鄞县的沙孟海书院成立典礼。当天晚宴上,他还致辞说:"我还需要承各位的诚意,要努力学习,继续学习,学到老!"12时许,他在卫生间摔倒,严重骨折。当日转入浙江医院。

10月,国务院向他颁发特殊津贴证书。10月10日10时10分,一代宗师与世长辞。天空中留下的是先生最后的声音:

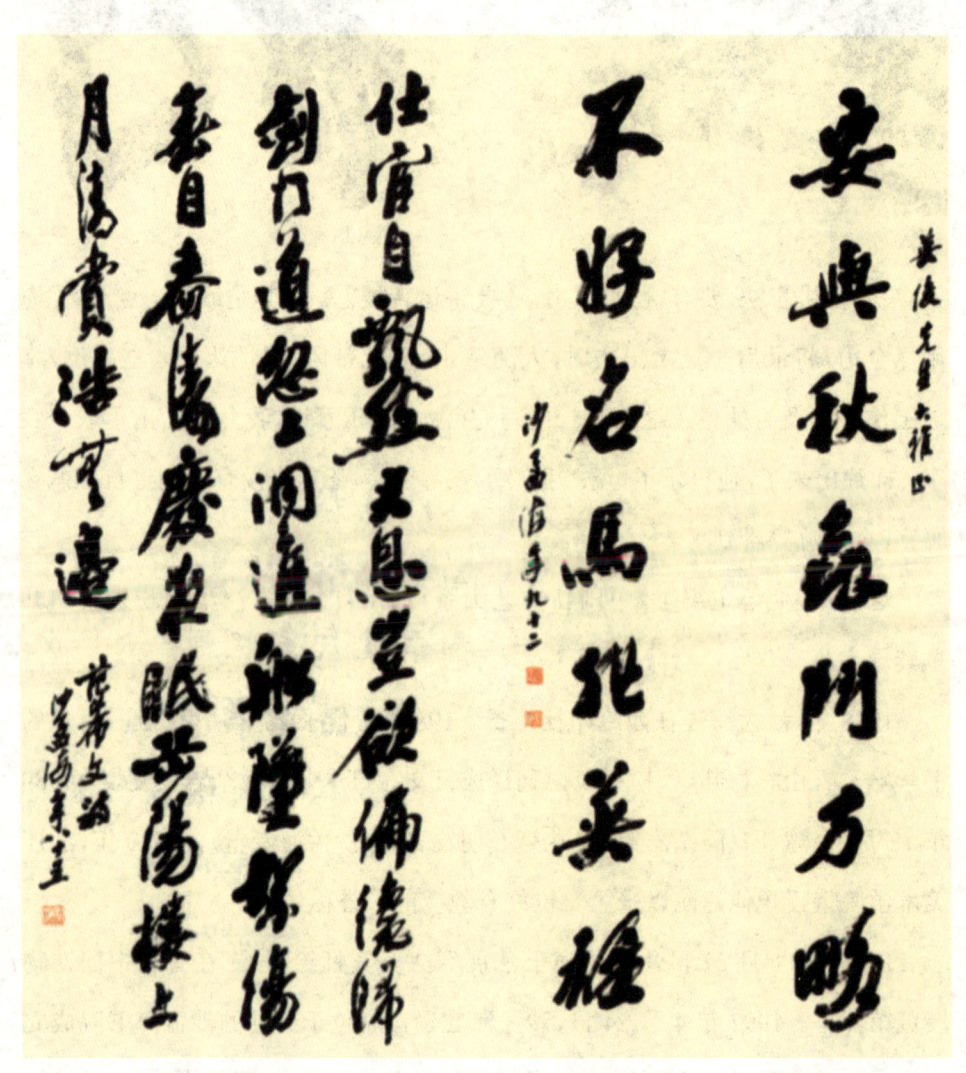

沙孟海书法作品

"作为一个书法家,一方面要了解文字的结构和书体源流,借鉴名迹,熔铸古今,推陈出新,自成风貌。另一方面还得转益多师,要有字外功夫,诸如文学、文字学、史学、哲学等学问修养,更要有崇高的人格修养。提高人品,然后才能提高书品。王僧虔说:'书之妙道,神采为止,形质次之,兼之者,方可绍于古人。'书法艺术以神采为首要,但离不开形质。形质和神采是辩证的统一体,只有兼而有之,不仅具有美观的外形,更有充实的精神内涵,才能形神俱融。要达到这境界,不仅需要经过艰辛和长期不懈的努力,而且还需要借助于字外的学问修道。"

这是对后人的提醒,更是沙孟海一生的写照,是成为一代宗师的路径。

参考文献

1. 沙孟海《近三百年的书学》;
2. 沙孟海《我的学书经历和体会》;
3. 沙茂世《沙孟海先生年谱》;
4. 唐飞天《沙孟海榜书作品赏析》;
5. 黄仁河口述,冯远垫埋《沙孟海五兄弟传奇》;
6. 《论传统功力在书法艺术美创造中的作用——先师沙孟海书学理念研究》;
7. 王晓光《沙孟海书法摭谈》;
8. 《坎坷生活,翰墨春秋——书法大师沙孟海》;
9. 关利权《多维视野中的沙孟海》《沙孟海书法艺术中的"章草"思想寻释》;
10. 梅墨生《谈名家——沙孟海》;
11. 俞建华《传统·时代·审美——我所理解的沙孟海》;
12. 邓宝剑《融贯碑帖,具足庄严——谈启功、沙孟海、赵朴初三位先生书法》;
13. 《论沙孟海的印学思想》;
14. 徐清《论沙孟海学术的渊源、内涵、特征及影响》;
15. 喻革良《沙孟海晚年的兰亭书写》;
16. 《陈布雷与沙孟海:沉浮浙东两才子》;
17. 《蒋介石两大宠臣陈布雷与沙孟海的迥异人生》;
18. 《我与沙孟海先生的交往》;
19. 裘樟松《沙孟海先生谈书法》;
20. 杨景和《沙孟海"书刻论"的再认识》;
21. 戴家妙《沙孟海的篆刻艺术》;
22. 《一代宗师沙孟海书法欣赏》;
23. 沙孟海《碑与帖》;
24. 蔡暄民《访西泠印社书家沙孟海》;
25. 郁重今《忆沙孟海先生》;
26. 陈亦权《沙孟海交友情怀》;
27. 高鸿《重读沙孟海〈古代书法执笔初探〉——兼议"中国人执毛笔方式错了一千多

年"及"书法有法"》;

28.沙孟海《印学史》;

29.李立中《时代造就了沙孟海》;

30.朱亮得《沙孟海遇缶翁始末》;

31.《沙氏文化古迹，宁波沙氏亦为吾沙宗支》;

32.杜杨《宋朝末年伟大的钓鱼城防守战》;

33.萧春雷《浙中南古村镇的文脉——南宋浙江学派寻踪》;

34.万润龙《文化传承说浙商》;

35.邬向东、谢典勋、骆兆平《国学家冯君木和他的子侄》;

36.蒋频《沙孟海：集大成者》;

37.黄晓慧《松门红楼路——一条有故事的路》;

38.告别奴性《吴佩孚的人格与国格》;

39.沙孟海《忆母亲》;

40.冯乾《清代扬州学派简论》;

41.《武岭蒋氏宗谱》;

42.王俯民《蒋介石说传》;

43.李殿元《蒋氏祖先探源》;

44.松边醉客《蒋介石十分孝敬的奉化蒋氏祖先、布袋和尚弟子——蒋宗霸》;

45.《蒋介石生母王采玉家族家谱·葛竹王氏宗谱》;

46.《蒋介石家族的族谱世系》;

47.《灵隐故事4：周恩来与灵隐寺重修》;

48.《沙文汉的"绝唱"》;

49.《沙孟海著述书刻年表列举》;

50.沙尚之讲述，冯远编写《传奇女性陈修良》;

51.沙孟海《谈书体》;

52.《百年沙耆》;

53.《朱语者——沙耆印象》;

54.《吴氏家族与〈富春山居图〉》;

55.王泰栋、薛家柱、李政《武岭残梦》;

56.洪惠镇《〈富春山居图〉子明卷乾隆题跋》。